essentials

essentials liefern aktuelles Wissen in konzentrierter Form. Die Essenz dessen, worauf es als „State-of-the-Art" in der gegenwärtigen Fachdiskussion oder in der Praxis ankommt. *essentials* informieren schnell, unkompliziert und verständlich

- als Einführung in ein aktuelles Thema aus Ihrem Fachgebiet
- als Einstieg in ein für Sie noch unbekanntes Themenfeld
- als Einblick, um zum Thema mitreden zu können

Die Bücher in elektronischer und gedruckter Form bringen das Expertenwissen von Springer-Fachautoren kompakt zur Darstellung. Sie sind besonders für die Nutzung als eBook auf Tablet-PCs, eBook-Readern und Smartphones geeignet. *essentials:* Wissensbausteine aus den Wirtschafts-, Sozial- und Geisteswissenschaften, aus Technik und Naturwissenschaften sowie aus Medizin, Psychologie und Gesundheitsberufen. Von renommierten Autoren aller Springer-Verlagsmarken.

Weitere Bände in der Reihe http://www.springer.com/series/13088

Norbert Franck

Professionelle Pressearbeit

Praxiswissen für Non-Profit-Organisationen

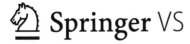 Springer VS

Norbert Franck
Franck Kommunikation
Berlin, Deutschland

ISSN 2197-6708   ISSN 2197-6716   (electronic)
essentials
ISBN 978-3-658-26707-0   ISBN 978-3-658-26708-7   (eBook)
https://doi.org/10.1007/978-3-658-26708-7

Die Deutsche Nationalbibliothek verzeichnet diese Publikation in der Deutschen Nationalbibliografie; detaillierte bibliografische Daten sind im Internet über http://dnb.d-nb.de abrufbar.

Springer VS
© Springer Fachmedien Wiesbaden GmbH, ein Teil von Springer Nature 2019

Springer VS ist ein Imprint der eingetragenen Gesellschaft Springer Fachmedien Wiesbaden GmbH und ist ein Teil von Springer Nature
Die Anschrift der Gesellschaft ist: Abraham-Lincoln-Str. 46, 65189 Wiesbaden, Germany

Was Sie in diesem *Essential* finden können

- Sie können sich das Know-how aneignen, das für eine erfolgreiche *Medienarbeit*, einen souveränen *Umgang mit Journalistinnen und Journalisten* notwendig ist. Gezeigt wird, wie Sie
- *Pressemitteilungen* schreiben, die gelesen werden,
- *Einladungen zu einer Pressekonferenz* formulieren, die Interesse wecken,
- *Pressekonferenzen* professionell vorbereiten und durchführen,
- *Interviews* souverän bestreiten,
- *Online-Pressearbeit* serviceorientiert gestalten,
- *Konflikte mit der Presse* lösen und
- *Krisenkommunikation* bewältigen.

Der Band hilft, sowohl alltägliche *Pressearbeit* als auch außergewöhnliche Herausforderungen professionell zu meistern.

Inhaltsverzeichnis

Einleitung

Weit mehr als eine halbe Million Non-Profit-Organisationen leisten in Deutschland wichtige Arbeit. Viel zu wenig erfährt die Öffentlichkeit davon. Woran liegt das? Unter anderem daran, dass die Pressearbeit dieser NPOs unzureichend ist.

Die Leibnitz-Institute zum Beispiel stehen für Spitzenforschung. Und für großen Nachholbedarf in der Pressearbeit. Wie viele andere Wissenschaftseinrichtungen auch.

Der Bund für Umwelt und Naturschutz (BUND) zum Beispiel steht für konsequenten und kompetenten Natur- und Umweltschutz. Und für große Schwierigkeiten, diese Arbeit in Pressemitteilungen gewinnend zu kommunizieren. Wie viele andere Non-Gouvernement-Organisationen auch.

Diese Feststellung illustriere ich im ersten Kapitel – und zeige in diesem *Essential,* wie es besser geht: Wer gute Arbeit leistet, sollte auch gekonnt darüber informieren.

Erfolgreich kann die Pressearbeit von NGOs und NPOs dann sein, wenn sie seriös und informativ ist, aktuell und kontinuierlich, gezielt und verständlich. Was das heißt, darum geht es auch den nächsten Seiten.[1] Vorab vier Anmerkungen:

1. Pressearbeit ist wichtig. Aber nicht alles. Pressearbeit ist Teil der *Corporate Communication.* Pressearbeit zielt auf öffentliche Wahrnehmung. Erfolgreiche Pressearbeit erleichtert die Ansprache von Zielgruppen – Spender, Politikerinnen, Mitglieder, Ehrenamtliche usw. Erfolgreiche Pressearbeit bekräftigt das Interesse und Engagement der Mitglieder einer NPO, der Spenderinnen

---

[1]Ich verwende im Folgenden durchgängig den Terminus NPO und den Begriff „Presse" synonym für Print- und Onlinemedien, Radio und Fernsehen.

© Springer Fachmedien Wiesbaden GmbH, ein Teil von Springer Nature 2019
N. Franck, *Professionelle Pressearbeit,* essentials,
https://doi.org/10.1007/978-3-658-26708-7_1

und Freiwilligen. Der Effekt von Medienerfolgen verliert an Wirkung, wenn
er nicht on- und offline von einer zielgruppenorientierten Öffentlichkeitsarbeit und einem serviceorientierten *Corporate Behaviour* der Vorstände und
hauptamtlichen MitarbeiterInnen unterfüttert wird. Allgemeiner formuliert:
wenn Pressearbeit nicht als Teil einer integrierten Verbandskommunikation
verstanden wird. Und das heißt auch: interne und externe Kommunikation
sind zu verknüpfen. Alle Mitteilungen an die Presse gehen auch an die Mitarbeiterinnen und Mitarbeiter, an Landesverbände und andere wichtige Stakeholder. Mitglieder und SpenderInnen sollten die Möglichkeit haben, ohne
Aufwand auf dem Laufenden zu bleiben, wenn sie das möchten.

2. Eine gute Medienresonanz ist häufig nur dann zu erreichen, wenn der Vorstand
   und die Fachleute in einer Organisation davon überzeugt werden können, dass
   Pressearbeit einer eigenen Logik folgt. Die Interessen der Vorsitzenden oder
   die Perspektive des Fachreferenten oder Wissenschaftlers decken sich nicht
   notwendig mit den Erfordernissen, vor denen Presseverantwortliche stehen.
   Während zum Beispiel die Fachreferentin darauf Wert legt, dass ihre gründ-
   liche Expertise über die Schadstoffe in Kosmetika wissenschaftlich korrekt an
   die Presse geht, muss der Pressesprecher das Interesse der Verbraucherinnen
   und Verbraucher in den Mittelpunkt stellen. Er wird vor allem die Gefahren
   betonen, die von Konservierungs- und anderen Zusatzstoffen ausgehen. Und
   Verständlichkeit ist ihm wichtiger als Vollständigkeit.
   Solche unterschiedlichen Perspektiven sind in Verbänden und Forschungsein-
   richtungen, Vereinen und Stiftungen oft Quelle von Auseinandersetzungen, die
   nur sinnvoll zu lösen sind, wenn Zuständigkeiten eindeutig und verbindlich
   festgelegt werden.

3. Wer für die Pressearbeit eines Verbands zuständig ist, sollte sehr gut über den
   Verband informiert sein. Das ist Voraussetzung für professionelle Kommunikation. Nur dann kann die Pressesprecherin entscheiden, worüber sie wen
   warum und wann (nicht) informiert. Pressearbeit wird behindert, wenn der
   Pressesprecher nicht an allen entscheidenden Sitzungen der relevanten Ent-
   scheidungsgremien teilnimmt. Die Auffassung, auf die Beratung von Presse-
   verantwortlichen könne man verzichten, hatte schon für manchen Verband
   (und Konzern) großen Imageschaden zur Folge.

4. In den folgenden Kapiteln geht es um das Basis-Handwerkszeug einer guten
   Pressearbeit. Wer noch wenig Erfahrung mit Pressearbeit hat, sollte das *Essential* vom Anfang bis zum Ende lesen, Profis gezielt nach Anregungen suchen.

Wirklich etwas mitteilen: Die Pressemitteilung

2

Wir lesen in der Zeitung, was die Parteivorsitzende meint oder der Verkehrsminister plant. Wir hören im Rundfunk, was der Geschäftsführer von *Greenpeace* fordert und die Präsidentin von *Brot für die Welt* unterstützt.

Grundlage solcher Nachrichten ist in vielen Fällen eine Pressemitteilung (PM). Auf Pressemitteilungen beruht ein großer Teil der Meldungen, die wir täglich lesen oder hören. Tausende von Mitteilungen für die Presse werden Tag für Tag geschrieben; die meisten landen im (virtuellen) Papierkorb.

Eine PM ist ein Angebot. Wovon hängt es ab, ob dieses Angebot angenommen wird?

Eine PM hat dann Chancen, aufgegriffen zu werden, wenn sie brauchbare *Informationen* enthält. Bevor man eine PM schreibt, sollte man deshalb prüfen: Hat das, was ich mitteilen will, einen *Nachrichtenwert?* Könnte das, was ich den Medien anbieten will, deren Leser bzw. Hörerinnen und Zuschauer *interessieren?*

Vereinsinterna, akademische Versatzstücke oder allgemeine Kommentare zum Weltgeschehen erfüllen dieses Kriterium nicht. Pressemitteilungen sind auch kein Tätigkeitsnachweis und haben nicht den Zweck, Vereinsmitglieder zu informieren. Mit einer PM werden die Medien informiert – über etwas *Neues*.

Christian Arns (2012, S. 6) empfiehlt folgendes Prüfkriterium für die Relevanz einer PM: Die Kernaussage muss ohne den Namen des Absenders (oder „wir", „uns") formuliert werden können. Eltern sollen wissen, *dass ihre Kinder künftig bis 20 Uhr in den Kindertagesstätten der Stadt betreut werden können.* Das interessiert nicht nur Eltern. Diese Information kann Interesse wecken, wer die verbesserten Öffnungszeiten durchgesetzt hat. Erst jetzt kommt das *Wir* ins Spiel, die Initiative ABC, der Verein XYZ, der Magistrat der Stadt: „Diese Maßnahme geht auf eine Initiative der Regenbogen Fraktion zurück, die …".

© Springer Fachmedien Wiesbaden GmbH, ein Teil von Springer Nature 2019
N. Franck, *Professionelle Pressearbeit,* essentials,
https://doi.org/10.1007/978-3-658-26708-7_2

2.1   Auf den Punkt kommen

Pressemitteilungen werden nicht für die Leserinnen einer Zeitung oder die Hörer eines Rundfunksenders geschrieben, sondern für Redakteure. Die Empfängerinnen sind Profis, die in der Regel wenig Zeit haben und viele Texte auf ihren Schreibtisch bekommen. Deshalb sollte man schnell „auf den Punkt kommen". Das heißt:

- *Umfassend informieren.* Alle W-Fragen – wer, was, wie, wann, wo, warum – beantworten. Eine unvollständige PM bedeutet für den Empfänger Arbeit. Er muss die Informationen vervollständigen, wenn er aus der Mitteilung eine Meldung machen will. Dazu haben Redakteurinnen meist weder Zeit noch Lust: Die PM wird nicht aufgegriffen. Nur prominente oder einflussreiche Personen und Institutionen können darauf setzen, dass Redakteurinnen nachfragen.
- *Kurzfassen.* Journalisten wünschen sich Pressemitteilungen, die nicht länger als 40 Zeilen sind (bei einer sehr wichtigen Mitteilung dürfen es auch 50 Zeilen sein);
- Verständlich schreiben (dazu mehr im nächsten Abschnitt).

Die Kunst besteht darin, sowohl kurz und knapp als auch umfassend zu informieren. Das kann gelingen, wenn auf weitschweifige Ausführungen – vor allem auf Eigenlob und Vereinsprosa aller Art – verzichtet und nicht mit Details gelangweilt wird.

An den Anfang einer PM gehört das Wichtigste, der Kern der Mitteilung: wer, was, wann, wo. Dann folgen die Gründe und die näheren Umstände und gegebenenfalls Einzelheiten:

Wer	**Münchner Verkehrsgesellschaft wird Lesepate**
Was, wann,	Ab dem 1. April 20… wird Kindern täglich in allen Zügen der
wo	Münchner Verkehrsgesellschaft vorgelesen

Der erste Satz kann für sich stehen. Er könnte so in den Rundfunknachrichten gesendet werden. In der PM folgen Informationen über das Wie dieser Maßnahme (Uhrzeiten, in einem gekennzeichneten Wagen, qualifizierte Ehrenamtliche …) und das Warum (Förderung der Fähigkeit zum Lesen und des Interesses an Literatur).

2.2 Verständlich schreiben

Ein bewährter PR-Grundsatz lautet: Dem Fisch muss der Köder schmecken, nicht dem Angler. Pressemitteilungen schreibt man nicht, um sich eine Freude zu machen, sondern um Resonanz zu erzielen. Das setzt voraus, dass die PM mühelos zu verstehen und auf Anhieb zu erkennen ist: Was ist warum für wen oder wofür wichtig? Das ist in der folgenden PM des *Leibniz-Instituts für Nutztierbiologie* vom 20.11.2018 gründlich misslungen:

Die süße Seite der Fortpflanzungsbiologie
Dummerstorfer Wissenschaftler suchen Zucker, die das Immunsystem modulieren können
Gegenwärtig steht Zucker unter Generalverdacht, für viele Volkskrankheiten und gesundheitliche Probleme der Menschheit, insbesondere in den Industrienationen, verantwortlich zu sein. Hierbei handelt es sich meist um Zucker die [sic] aus Glucose oder Fructose aufgebaut sind, wie unser Haushaltszucker die Saccharose. Zucker sind jedoch mehr als nur ein reiner Energieträger.
Der Körper selber produziert eine ganze Batterie aus komplex aufgebauten Kohlenhydraten, die aus unterschiedlichsten Monosacchariden zusammengesetzt werden. Der prominenteste Vertreter ist vielleicht das Zuckerpolymer Heparin, dessen Anwendung bei der Hemmung der Blutgerinnung in der Medizin nicht mehr wegzudenken ist. Am Leibniz-Institut für Nutztierbiologie Dummerstorf erforscht seit 2016 die wissenschaftliche Nachwuchsgruppe „Glykobiologie" unter Leitung von PD Dr. Sebastian P. Galuska mit großem Erfolg die Rolle der Zuckermoleküle bei der Fortpflanzung. Glykobiologie ist die Wissenschaft von der Struktur, Biosynthese und Biologie der körpereigenen Zuckerketten (Saccharide oder Glykane).
„Wir erforschen zusammen mit nationalen und internationalen Kooperationspartnern die Rolle von komplexen Zuckermolekülen in der Reproduktionsimmunologie, da zahlreiche Studien zeigen, dass diese Glykane als eine Art ID-Karte von Lebewesen verwendet wird, um sich vor Zellen des Immunsystems zu erkennen zu geben. All unsere Zellen sind ummantelt von einer Zuckerschicht bestehend aus einer Vielzahl von unterschiedlichsten Glykokonjugaten", erklärt Gruppenleiter Dr. Sebastian P. Galuska. (Vgl. www.fbn-dummerstorf.de)

Haben Sie auf Anhieb verstanden, warum und für wen es wichtig ist, dass „Dummerstorfer Wissenschaftler Zucker suchen, die das Immunsystem modulieren können"?

Es wird, um es im Stil dieser PM auszudrücken, eine ganze Batterie Fach- und Fremdwörter aufgefahren, um zu imponieren. Tatsächlich würde imponieren, wenn die Relevanz der Arbeit von Herrn PD Dr. Sebastian P. Galuska deutlich würde. Was sind die Ergebnisse, der mit „großem Erfolg" durchgeführten Untersuchungen?

Diese Pressemitteilung bringt zum Ausdruck: Der Absender

- legt keinen Wert darauf, sich verständlich mitzuteilen,
- gibt zu erkennen, dass er die Gepflogenheit des Metiers nicht kennt: Akademische Grade werden in Zeitungen und Publikumszeitschriften, Radio und Fernsehen nicht genannt. Bei der zweiten Namensnennung wird nur der Nachname genannt. Und die bedeutungsheischende Abkürzung des zweiten Vornamens ist US-amerikanischen Präsidenten vorbehalten, die aus einer bedeutenden Familiendynastie stammen.

Verallgemeinert: Eine PM enthält nicht nur eine Sachaussage, sondern auch eine Beziehungsaussage und eine Selbstauskunft. Die zitierte PM signalisiert:

- Für Redakteure mache ich mir nicht die Mühe, verständlich zu schreiben (Beziehungsaussage);
- Ich kenne oder kümmere mich nicht um die Standards der Pressearbeit und mit der Kommasetzung habe ich Schwierigkeiten (Selbstauskunft).[1]

Solche Pressemitteilungen tragen nicht zum Renommee des Absenders bei und fördern nicht die Bereitschaft von Redakteuren, die PM des Instituts aufmerksam zu lesen.

Verständlichkeit ist nicht alles. Aber ohne Verständlichkeit ist alles nichts. Als Empfehlung formuliert: Zurückhaltung mit Fach- und Fremdwörtern ist eine Tugend. Silbenschleppzüge (Verbundforschungsvorhaben, Passivhausexpertenanhörung) und Blähwörter (Zielstellung, Problemkreis) vermeiden. Journalistinnen erkennen die Absicht – imponieren zu wollen – und sind verstimmt. Ich zitiere noch einmal aus einer PM des *Leibniz-Instituts für Nutztierbiologie:*

---

[1]Mehr zu den verschiedenen Seiten einer Nachricht bei Franck 2019.

„Die Ernährungssicherheit ist weltweit eine der großen Herausforderungen des 21. Jahrhunderts. Neben der Tiergerechtigkeit bildet die umwelt- und ressourcenschonende Erzeugung tierischer Nahrungsmittel eine wesentliche Grundlage für die langfristige Akzeptanz der modernen Gesellschaft." (www.fbn-dummerstorf.de)

In diesen zwei Sätzen wird Hauptwort an Hauptwort gereiht und es werden bedeutungsschwere Adjektive aufgefahren. Es geht schlichter – und eindringlicher:

- Es ist eine große Herausforderung, alle Menschen *satt zu bekommen.* (Die Herausforderung ist nicht neu; deshalb kann man das 21. Jahrhundert streichen.)
- Was ist notwendig, damit die Gesellschaft die moderne Nutztierhaltung akzeptiert? Sie muss *artgerecht, umwelt- und ressourcenschonend* sein.

Das Ergebnis: Es ist eine große Herausforderung, alle Menschen satt zu bekommen. Langfristig akzeptieren die Bürgerinnen und Bürger die Nutztierhaltung nur dann, wenn sie artgerecht ist und die Herstellung tierischer Lebensmittel umweltfreundlich und ressourcenschonend erfolgt.[2]

Der Text ist nicht besonders originell, aber verständlich. Gekonnt ist eine PM dann, wenn sie eine klar auszumachende Kernaussage enthält, die man weitererzählen *möchte,* weil sie interessant oder spannend ist. Und die man weitererzählen *kann,* weil sie verständlich ist. Als Arbeitshilfe formuliert: Zuerst diese Kernaussage in zwei oder drei verständlichen Sätzen formulieren. Wenn diese Sätze stehen, sie zu einer PM ausbauen.

2.3   Kurz und anschaulich schreiben

Der Journalist Joseph Pulitzer empfahl allen, die schreiben: „Was immer Du schreibst – schreibe kurz, und sie (die Leserinnen und Leser – NF) werden es lesen, schreibe klar, und sie werden es verstehen, schreibe bildhaft, und sie werden es im Gedächtnis behalten.".

Eine sehr nützliche Empfehlung. Aus mindestens zwei Gründen:

---

[2]Umwelt-, Tierschutz- oder Verbraucherschutzorganisationen würde ich empfehlen, Fleisch und Wurst, Milch und Käse statt „tierische Lebensmittel" zu schreiben (siehe 2.3).

1. Wer sich an Pulitzer hält, hat weniger Schreib-Arbeit. Die eingesparte Schreib-Zeit kann für aufmerksamkeitsstarke Formulierungen genutzt werden. 2. Das kurze Wort ist meist das verständlichere und anschaulichere. Deshalb:

Kurz und gut	statt	aufgebläht
Aufgabe		Aufgabenstellung
Konzept		Konzeption
Geld		Finanzmittel
Thema		Thematik
Ziel		Zielstellung oder Zielsetzung

Insbesondere Fachtermini und Oberbegriffe entziehen Texten Farbe und Leben: die Niederschläge und der Baumbestand, die regenerativen Energien und die Bezugspersonen – zum Beispiel. Silbenschleppzüge haben die gleiche Wirkung: der Suchtmittelgebrauch, die Waldbrandbekämpfung und das Verkehrswegebeschleunigungsgesetz – zum Beispiel.

Von Tucholsky stammt folgende Ergänzung der Kurz-und-gut-Maxime: *Was gestrichen ist, kann nicht durchfallen* (Bd. 8, S. 292). Beachtet man diesen Hinweis, erhöht sich die Chance, Pressemitteilungen zu verfassen, die nicht langweilen und ermüden. Deshalb:

Kurz und gut	statt	mit überflüssigem Ballast
in der Gesundheitsforschung		im Bereich der Gesundheitsforschung
in ähnlichen Fällen		in ähnlich gelagerten Fällen
Ergebnisse		erzielte Ergebnisse
Verzögerung		aufgetretene Verzögerung

„Ein Text ist dann gelungen, wenn nichts mehr gestrichen werden kann. Warum ist es wichtig, Überflüssiges zu streichen? Weil Überflüssiges Wichtiges – die Leistungen einer Organisation – verdecken" kann. „Deshalb kann Streichen eine Wohltat sein." (Franck 2017, S. 10) Wenn Sie das Gleiche einfacher und kürzer sagen können, sagen Sie es einfacher und kürzer.

Verständlich und anschaulich – auch im Wissenschaftsbetrieb
Seit vielen Jahren wirbt der *Stifterverband für die Deutsche Wissenschaft* für eine verständliche Kommunikation von Wissenschaft – weitgehend vergeblich. Daher sind viele Pressemitteilungen von Forschungsinstituten und Hochschulen keine Informationsangebote, sondern Zumutungen: Texte, die nicht informieren, sondern die Intelligenz der Autoren unter Beweis stellen sollen.

Dieses Ziel wird keineswegs immer erreicht. Eine Studie von Oppenheimer legt vielmehr den Schluss nahe, dass sich Leserinnen und Leser durch einen verständlichen Text stärker beeindrucken lassen als durch Texte, die schwer zu verstehen sind: „Write clearly and simply if you can, and you'll be more likely to be thought of as intelligent" (2006, S. 153).

Wissenschaftlich macht einen Text der Inhalt und die Zuverlässigkeit, Genauigkeit und analytische Schärfe der Argumentation. Wissenschaftliche Texte dürfen und sollten verständlich und klar strukturiert sein. Wer klar denkt, sollte auch klar schreiben (können) und das Verständnis komplizierter Sachverhalte nicht durch komplizierte Satzstrukturen und Wortmonster erschweren. „Glauben Sie nicht, dass Sie Ihr eigenes Argument schwächen, wenn Sie es klar und in simplen Worten darstellen." (Groebner 2012, S. 125)

Zudem spricht, wenn das Thema es zulässt, nichts dagegen, anregend und anschaulich zu schreiben. Beim Schreiben darf man ausnahmsweise von sich auf andere schließen: Niemand mag umständliche und uninspirierte Texte lesen.

Schreiben heißt sich zeigen (Foucault 1983, S. 49). Wenn Pressemitteilungen Sie von Ihrer besten Seite zeigen wollen, dann sollten Sie um Verständlichkeit und Anschaulichkeit bemühen, keine Schachtelsätze konstruieren, Blähwörter und andere Sprachmonster meiden (mehr dazu: Franck 2019a).

Spracharm, unvollständig und schlecht aufgebaut ist folgende PM:

Verfassungsklage wegen unzureichender deutscher Klimapolitik
Gemeinsame Pressemitteilung des BUND und des SFV
Berlin. Ein Klagebündnis von Solarenergie-Förderverein Deutschland e. V. (SFV), Bund für Umwelt und Naturschutz Deutschland (BUND) und vielen Einzelklägern hat am Freitag Klage wegen der völlig unzureichenden deutschen Klimapolitik vor dem Bundesverfassungsgericht (BVerfG) erhoben.

Unter den Einzelklägern der Verfassungsbeschwerde sind Prominente wie der Schauspieler Hannes Jaenicke, der ehemalige Bundestagsabgeordnete Josef Göppel (CSU) und Professor Volker Quaschning von der Hochschule für Technik und Wirtschaft Berlin.

Um die Grundrechte auf Leben, Gesundheit und Eigentum zu schützen, die schon seit Jahren zunehmend durch Hitzewellen und Naturkatastrophen in Deutschland und weltweit geschädigt werden, müssen Bundesregierung und Bundestag die globale Erwärmung konsequent bekämpfen. Zumindest müssen sie die im Pariser Klima-Abkommen vereinbarte Begrenzung der globalen Erwärmung auf 1,5 Grad gegenüber vorindustriellem Niveau einhalten und in der EU ihr Gewicht dafür in die Waagschale werfen. Das verlangt dem Weltklimarat (IPCC) zufolge Nullemissionen in sämtlichen Sektoren weltweit in drei Dekaden.

(Es folgen weitere 700 Zeichen Kritik der Klimapolitik – NF)

Deutschland erreicht nicht einmal seine eigenen Ziele und die EU-Klimaziele für 2020, obwohl diese viel weniger ambitioniert sind als die genannten Ziele. Zumindest an diesen einmal selbst als nötig zugestandenen Zielen müssen sich Bundesregierung und Bundestag zum Schutz der Grundrechte festhalten lassen. Verfassungsrechtlich ist die Bundesregierung außerdem verpflichtet, ihrer Politik die aktuellen Fakten zugrunde zu legen und nicht weiter an der überholten – bereits sehr gefährlichen – Zwei-Grad-Grenze in der Klimapolitik festzuhalten.

Wolf von Fabeck, langjähriger Geschäftsführer des SFV, erklärt: „Obwohl der globale Temperaturanstieg noch nicht einmal die in Paris vereinbarten 1,5 Grad erreicht hat, bedroht der Klimawandel schon jetzt das Überleben der Menschen-, Tier- und Pflanzenwelt. Wir hoffen, dass das BVerfG die Gefahr erkennt und ihr entgegen tritt. Auch wundern wir uns, dass die kalifornische Regierung nicht die deutschen Braunkohlekraftwerke auf Schadenersatz verklagt."

Ernst-Christoph Stolper, stellvertretender Vorsitzender des BUND, erklärt: „Der BUND hat sich als Teil seines internationalen Netzwerkes Friends of the Earth schon lange und als einer der ersten konsequent positioniert: Die globale Erwärmung darf 1,5 Grad gegenüber vorindustriellem Niveau auf keinen Fall überschreiten. Mit unserer Klage erhöhen wir den Druck auf die Bundesregierung und den Bundestag, endlich ein Klimaschutzgesetz vorzulegen, das die Ziele des Pariser Klimaabkommens effektiv umsetzt."

Der weitere Prozessverlauf liegt im Ermessen des BVerfG. Sollte es zu einer mündlichen Verhandlung kommen, dann voraussichtlich nicht zeitnah. Sollte das BVerfG der Klage stattgeben, wäre über Deutschland hinaus auch europa- und weltweit verdeutlicht: Klimaschutz ist ein massives Menschenrechtsproblem – er steht nicht im politischen Belieben der jeweiligen Mehrheit.

Die Klage wird aus Spenden und Eigenmitteln durch den SFV finanziert. Die Klage wird rechtlich vertreten von der langjährig im Umweltrecht erfolgreichen Rechtsanwältin Franziska Heß, Baumann Rechtsanwälte Partnerschaftsgesellschaft mbH, und Felix Ekardt aus Leipzig, der die Klage außerdem seit 2010 mit einigen Menschenrechts-Gutachten für den SFV vorbereitet hat. (www.bund.net)

Es wird viel geklagt in dieser viel zu langen PM über eine Verfassungsbeschwerde. Zu kurz kommt, was interessieren könnte: Wer ist der Adressat der Beschwerde? Bundesregierung und Bundestag? Kann der Bundestag Adressat einer Verfassungsbeschwerde sein. Wie realitätstüchtig ist die Beschwerde? Oder ist sie nur Mittel um – sicher berechtigt – auf die Unzulänglichkeit der Klimapolitik der Bundesregierung hinzuweisen?

Eigenlob sollte in Pressemitteilungen vermieden werden: „schon lange und als einer der ersten konsequent positioniert", „langjährig im Umweltrecht erfolgreich". Solche Formulierungen wird man nie in den Medien finden. Journalisten vermuten hinter solchem Eigenlob den Versuch, inhaltliche Schwächen zu kaschieren. Kurz: Weniger kann mehr sein. Wenn dieses Weniger informativ und verständlich ist.

Journalisten erwarten von einer Pressemitteilung *News statt Appelle*. (Am Rande: Man sollte in einer PM nicht zwischen *Klimaabkommen* und *Klima-Abkommen* wechseln.)

2.4 Hintergrundinformationen, Fotos und Überschrift

Pressemitteilungen können um weitere (Hintergrund-)Informationen ergänzt werden. *Folgenreiche* Beschlüsse, ein *außergewöhnlich* hoher Mitgliederzuwachs, ein *originelles* Projekt, eine *wichtige* Entdeckung sind Anlässe, Pressemitteilungen um weitere Informationen zu ergänzen. Die PM muss jedoch in jedem Falle der Extrakt aller weiteren Informationen sein. Die zusätzlichen Informationen sind ein Angebot, kein Freibrief für eine schlechte PM.

Ein Beispiel: In der PM wird die Essenz eines Beschlusses zusammengefasst: Der Rat der Stadt Weimar hat beschlossen, künftig „Tatort"-Drehs in der Stadt nicht mehr zu unterstützen. Er ist, in Übereinstimmung mit allen Ratsfraktionen, der Auffassung, dass das kulturelle Niveau der Bauhausstadt durch die MDR Tatort-Krimis aus Weimar nicht angemessen zum Ausdruck kommt.

Der vollständige Wortlaut des Beschlusses kann als Anlage zur PM an die Presse gehen. Oder der Beschluss wird im Anschluss an diese Zusammenfassung zitiert, wenn er nicht sehr umfangreich oder sonst nichts Nennenswertes von der Senatssitzung mitzuteilen ist. Entscheidet man sich für diese Variante, wird üblicherweise folgender Satz vorangestellt: „Der Beschluss des Rats hat folgenden Wortlaut:".

Fotos

Besser als zusätzliche Texte sind Fotos. Print- und Online-Medien haben meist zu viel Text und zu wenig Bildmaterial. Deshalb wächst die Bereitschaft aus einer PM einen Beitrag zu machen, wenn ein interessanter „Blickfang" mitgeliefert wird. Das muss nicht immer ein Foto sein. Auch eine Grafik, die zum Beispiel eine Entwicklung zeigt, kann als Blickfang dienen.

Fotos

- werden bevorzugt dann veröffentlicht, wenn etwas *Interessantes* zu sehen ist. Standardmotive – zum Beispiel eine Frau oder ein Mann am Redepult oder gestellte Gruppenbilder – sind zweite Wahl. Fotografieren Sie deshalb die Seniorentanzgruppe beim Tanzen – und nicht aufgestellt in Zweierreihe;
- sind gelungen, wenn sie *zeigen, was sie zeigen sollen* – und nicht die Umgebung. Deshalb gilt: „Ran ans Motiv!" Ausschnitte und Details sind oft eindrucksvoller als Gesamtansichten. Menschen in Aktion sind am interessantesten;
- müssen *Druckqualität* haben, *honorarfrei* genutzt werden können und *unkompliziert zu bekommen* sein: Die PM enthält einen Link auf die Seite, auf der das Bild heruntergeladen werden kann;
- brauchen eine *Bildunterschrift* und Angaben, wer das Foto gemacht hat, über die Bildrechte und wer Fragen zum Foto beantworten kann. Die Bildunterschrift soll nicht beschreiben, was zu sehen ist, sondern das Bild ergänzen oder erläutern. Sind mehrere Personen auf dem Foto, werden ihre Vor- und Zunamen von links nach rechts aufgeführt.

Überschrift

Um Redakteurinnen und Redakteure in die PM „hineinzuziehen", ist eine treffende Überschrift wichtig: Die Überschrift muss eine klare Aussage haben, kurz und informativ sein, Interesse wecken und die Orientierung erleichtern.

Auf Fachtermini und Abkürzungen, auf Superlative und Werbeslogans sollte man verzichten und nie kalauern oder sich mehr als zwei Zeilen gestatten.

Dachzeile:	Stadt engagiert sich für Frauen
Überschrift:	**1 Mio. für neues Frauenhaus beschlossen**
Überschrift:	**Oberbürgermeister will Krimi-Drehs erschweren**
Unterzeile:	Tatort-Fans protestieren

2.5   Der letzte Schliff

Ist die PM geschrieben und mit einer treffenden Überschrift versehen, muss sie in eine angemessene *Form* gebracht und geprüft werden, ob eine *Sperrfrist* angegeben werden soll.

Sperrfrist

Sperrfrist bedeutet: Der Text bzw. die Information darf nicht vor dem angegebenen Termin veröffentlicht werden. Wann und wofür ist eine Sperrfrist sinnvoll? Ein Beispiel: Der Bundesvorstand einer NPO beschließt, auf der kommenden Mitgliederversammlung geschlossen zurückzutreten. Der Vorstand möchte, dass die Öffentlichkeit bereits am nächsten Tag darüber informiert wird. Erfährt die Presse jedoch erst am Abend der Mitgliederversammlung vom Rücktritt, kann am nächsten Tag nichts mehr in der Zeitung erscheinen.

Dieses Problem lässt sich mit einer PM lösen, die am Vormittag mit folgendem Vermerk an die Medien geht: „Sperrfrist: Freitag, 21.6. …, 22 Uhr". Der Zusatz besagt: Vor 22 Uhr dürfen die Informationen nicht veröffentlicht werden. Interessierte Journalisten haben jedoch die Möglichkeit, einen Bericht für die Samstagsausgabe zu schreiben. Sie können zudem vorab weitere Informationen einholen oder ein Mitglied des Vorstands interviewen. Wird das nicht gewünscht, veröffentlicht man die PM erst kurz vor Redaktionsschluss. Ein Sperrvermerk ist jedoch auch in diesem Fall erforderlich, weil Rundfunk, Fernsehen und die Online-Ausgaben von Zeitungen nicht an einen festen Redaktionsschluss gebunden sind, also noch vor Beginn der Mitgliederversammlung berichten könnten.

Mit einer Sperrfrist kann man also der Zeitpunkt der Berichterstattung beeinflussen und Journalisten ein Vorlauf einräumen.

Viele Journalisten erwarten, dass sie bei bestimmten Ereignissen – zum Beispiel bei Kongressen – einen Informationsvorlauf bekommen. Mit einer Sperrfrist kann ein solcher Service problemlos geboten werden. Werden bei Konferenzen Journalistinnen die Reden vorab schriftlich zur Verfügung gestellt, muss die Sperrfrist „Redebeginn" um den Hinweis ergänzt werden: „Es gilt das gesprochene Wort".

Form

Die Form sollte stimmen, will die oder der Presseverantwortliche als Profi wahrgenommen werden. Ein Dutzend Empfehlungen:

*   Selbstverständlich ist der „Abdruck honorarfrei". Bei Fotos ist der Hinweis allerdings wichtig (ebenso der Name der Fotografin oder des Fotografen).

- Peinlich: um ein Belegexemplar bitten: Sie lesen selbstverständlich die Medien, denen Sie Pressemitteilungen schicken.
- Keine Vorschriften machen. Also nicht: „Bitte veröffentlichen Sie die PM in der Wochenendausgabe." Und schon gar nicht: „Bitte stimmen Sie Änderungen mit uns ab."
- Immer erst die Zahl, dann die Währung oder Größenangabe: 50 EUR (nicht Euro 50,00) oder 66 km (nicht km 66,--).
- Keine Abkürzungen.
- Datum statt „heute" oder „morgen". Wenn die PM von heute am nächsten Tag veröffentlicht wird, ist heute gestern. Nur bei Veranstaltungsankündigungen ist der Wochentag bei Datumsangaben wichtig.
- Immer Prozent, % allenfalls in Klammern.
- Hervorhebungen nerven Redakteurinnen und Redakteure. Deshalb keine Unterstreichungen oder Versalien, kein halbfett oder kursiv.
- Vereins- und Verbandsnamen immer ohne „e. V."
- Fakten statt Adjektive. Was wurde erreicht? Wie groß ist der Zuwachs? Nicht: *hartnäckig* (am Problem drangeblieben), *unermüdlich* (für XYZ eingesetzt). Datum der PM nicht vergessen.
- Immer eine Ansprechperson mit Telefonnummer nennen.

Pressemitteilungen, in denen Äußerungen einer Vorsitzenden oder eines Geschäftsführers im Vordergrund stehen, können in zwei Varianten formuliert werden.

Variante 1: Die gesamte PM ist eine Erklärung der Vorsitzenden oder des Geschäftsführers. In diesem Fall wird in einem Vorspann der Sachverhalt erläutert, auf den sich die Erklärung bezieht. Ein Beispiel:

Überschrift	**Kinderschutz-Zentrum Webersbach bedroht** **Magistrat will Fördermittel streichen**
Vorspann	*Der Magistrat der Stadt Webersbach hat beschlossen, die Fördermittel für das Kinderschutz-Zentrum „Zuflucht" zu streichen. Dazu erklärt Petra Braun, Geschäftsführerin des Kinderschutz-Zentrums:*
Bewertung von Petra Braun	Die Entscheidung des Magistrats gefährdet die Existenz des Kinderschutz-Zentrums. Diese Entscheidung bedeutet: Es wird in Zukunft keine kostenlose Beratung und Therapie mehr geben für Kinder, die … Die Entscheidung ist Ausdruck einer verfehlten …

Variante 2: Die PM wird so formuliert, als sei sie ein Bericht oder eine Meldung. Petra Braun werden nur bestimmte Aussagen zugeschrieben:

Kinderschutz-Zentrum Webersbach bedroht
Magistrat will Fördermittel streichen
Der Magistrat der Stadt Webersbach hat beschlossen, die Fördermittel für das Kinderschutz-Zentrum „Zuflucht" zu streichen. Nach Auffassung des Träger- vereins des Kinderschutz-Zentrums gefährdet dieser Beschluss die Existenz dieser Einrichtung. Petra Braun, Geschäftsführerin von „Zuflucht": „Diese Entscheidung bedeutet: Es wird in Zukunft keine kostenlose Beratung und Therapie mehr geben für Kinder, die ..."
Braun kritisierte, die Entscheidung sei Ausdruck einer verfehlten Kinder- und Jugendpolitik. Der Magistrat habe ...
Petra Braun: „Wir werden ..."

Die Variante 1 in direkter Rede ist leichter zu lesen und zu schreiben. Die Variante 2 ist schwerfälliger. Wer sich für die sprachlich elegantere Variante 1 entscheidet, setzt darauf, dass Journalistinnen Pressemitteilungen als ein Informations*angebot* begreifen. Ein Angebot, aus dem sie eine Meldung oder einen Bericht machen. Das macht Arbeit.

Variante 2 erleichtert Journalisten die Arbeit, denn sie können die PM direkt als Meldung übernehmen.

Es lässt sich nicht eindeutig bestimmen, welche der beiden Varianten die bessere ist. Meine Empfehlung: Prüfen Sie, welche Praxis in den Medien üblich ist, die Sie erreichen (wollen). Entscheiden Sie sich für die Variante 2, wenn in diesen Medien Journalistinnen bzw. Redakteure Pressemitteilungen wörtlich übernehmen. Wählen Sie die elegantere Variante 1, wenn Journalisten bzw. Redakteurinnen diese Praxis ablehnen und Pressemitteilungen nur als Informationsgrundlage verwenden.

2.6   Begleitschreiben, Adressat, Timing, Absender

Möchte ein Schwimmverein, dass im Lokalteil mit fünf Zeilen auf einen neuen Schwimmkurs hingewiesen wird, genügen ein paar freundliche Zeilen. Eine PM ist für diesen Zweck zuviel des Guten.

Veranstaltet der Schwimmverein ein großes Fest, sollte mit einer guten PM den Medien Stoff für eine Vorberichterstattung geboten werden. Ein Begleit- schreiben zu dieser PM ist nicht notwendig.

Begleitschreiben

Gute Pressemitteilungen stehen für sich, sie sind selbstredend. Pressemitteilungen sind ein Angebot zur Berichterstattung. Ein Begleitschreiben macht eine schlechte PM nicht besser. Ein Begleitschreiben zu einer guten PM ist überflüssig.

Ein Begleitschreiben kann notwendig sein, wenn eine PM um Hinweise für die Arbeit der Journalisten bzw. Fotografinnen ergänzt werden sollen. Zum Beispiel bei einer Veranstaltungsankündigung:

Guten Tag, Frau (Herr) …,

ich würde mich freuen, Sie oder einen Ihrer Kollegen auf dem Fest unseres Schwimmvereins zu treffen, über das Sie meine Pressemitteilung informiert.

Unsere Vorsitzende Petra Beck treffen Sie ab 14 Uhr am Fitness-Stand neben dem Stadtmuseum. Ich bin von 15 bis 17 Uhr dort.

Das wohl originellste Fotomotiv unseres Festes bietet sich gegen 15 Uhr 30, wenn die Vorschulgruppe mit Kunststücken im Minipool überrascht.

Viele Grüße aus der Fürstenstraße

…

Pressereferent

Ein Begleitschreiben ist zudem notwendig, wenn man mit dem Lokalfunk die Erfahrung gemacht hat, dass die in aller Regel unterbesetzte Redaktion sendefähige Texte bevorzugt. Im Begleitschreiben sollte dann über das, was in einer Länge von 10 oder 30 s gesendet werden soll, ausführlicher informiert werden, damit mit sich der Redakteur einen Eindruck verschaffen kann. Und schließlich sollte mitgeteilt werden, bis wann die Information aktuell ist und auf welchem Sendeplatz (zum Beispiel Senioren- oder Jugendmagazin) sie am sinnvollsten zu platzieren ist.

Adressat

Reise-, Motor- oder Sportzeitschriften interessieren sich nicht für Pressemitteilungen über Giftstoffe in Kosmetika. Eine PM über die Gefährdung des Naturschutzgebietes in Neustadt an der Donau interessiert Medien in Neustadt an der Weinstraße eher wenig. Und den *Westdeutschen Rundfunk* oder die *Süddeutsche Zeitung* interessiert nur der Erfolg. Deshalb kommuniziert man nicht mit Sendern oder Zeitungen, sondern mit Redaktionen, die für bestimmte Themen zuständig sind – besser: mit einer verantwortlichen Redakteurin bzw. einem Redakteur. Pressemitteilungen müssen auf dem richtigen Schreibtisch bzw. im richtigen Postfach landen!

Timing

Timing kann über den Erfolg oder Misserfolg einer PM entscheiden: Gibt es an bestimmten Tagen feste Rubriken, in die Ihre Meldung gut passt? Ist vielleicht montags die Chance am größten, etwas unterzubringen, weil die Redaktion der Lokalzeitung am Wochenende nur schwach besetzt und für Texte dankbar ist, die keine Arbeit bedeuten? Oder ist der Montag ein schlechter Tag, weil der Lokalteil wegen des umfangreichen Sportteils weniger Seiten hat? Wenn Sie im Juni auf ein neues Konzept aufmerksam machen wollen, sollten Sie prüfen, ob es vertretbar ist, die Presse einen Monat später zu informieren: In der nachrichtenarmen Sommerzeit wächst die Chance, mehr Beachtung zu finden.

Absender

Die E-Mail ist der beste Versandweg für Pressemitteilungen: E-Mails erleichtern die Weiterverarbeitung einer Mitteilung und führen, wenn sie Links enthalten, mit einem Klick auf die angegebene Website, auf der Bilder und weitere Informationen zur Verfügung gestellt werden können.

Ob eine E-Mail geöffnet wird, hängt maßgeblich von einem aussagekräftigen Betreff ab. „PM 7 vom 09.03.2…" macht nicht neugierig. „Wichtige Pressemitteilung" auch nicht. (Verbands-)Bekenntnisse – „Auf die Mietpreisbremse treten" oder „Vereint für Europa" – wecken kein Interesse. „Weihnachtsbäume bedrohen die Gesundheit" oder „Hartz IV fördert Depressionen" schon. Und denken Sie beim Formulieren eines Betreffs daran: Es ist eine Berufskrankheit vieler Journalistinnen und Journalisten, bei guten Nachrichten skeptisch zu sein und bad news als good news zu sehen.

Der Absender kann ein Grund sein, eine E-Mail zu öffnen. prakt@verband.de nicht, franka.biermann@verband.de auch nicht. Wohl aber presse@verband.de oder franka.biermann@presse-verband.de.

Der Text der Mitteilung wird nicht gelayoutet. Er wird in die E-Mail kopiert und nicht im Anhang verschickt.

Den Postweg sollte man wählen, wenn man zum Beispiel einen Jahresbericht verschickt und Redakteure nicht mit großen E-Mail-Anhängen nerven möchte, oder wenn man Einladungen mit einer Antwortkarte verschickt.

Mitteilungen, die an die Presse gehen, sollten zeitgleich allen Mitarbeiterinnen und Mitarbeitern geschickt werden. Interne Öffentlichkeitsarbeit ist Bestandteil professioneller Corporate Communication – oder schlichter: PR beginnt „daheim".

2.7 Nie aufgeben

Die PM war aktuell, seriös, informativ und verständlich – und hat kein Presse-echo. Was tun? Wenn Sie nicht täglich Pressemitteilungen herausgeben, sondern eine in der Woche oder zwei im Monat, und wenn diese Mitteilungen an eine überschaubare Zahl von Medien gehen, dann sollten Sie bei dem einen oder dem anderen *Journalisten* anrufen und *fragen,* ob

- die PM (dort) angekommen ist (wo sie ankommen sollte),
- das Thema interessiert,
- weitere Informationen gewünscht oder erforderlich sind.

Fragen, nicht klagen. Sonst machen Sie sich unbeliebt. Und nur dort anrufen, wo Sie die *Redakteurin* oder den *Journalisten* kennen. In einer Redaktion fahndet niemand gerne, wer für das Thema zuständig war und ob der Text dort gelandet ist.

Bekommen Sie die Auskunft, dass Ihre PM übersehen wurde, können Sie anbieten, die Mitteilung noch einmal zu schicken (sofern sie noch aktuell ist). Wurde aus Platzgründen anderen Themen Vorrang eingeräumt, teilen Sie dem Redakteur mit, wie lange „Ihr" Thema noch aktuell ist.

Informiert ein Verein die Lokalzeitung aktuell, seriös und verständlich, findet jedoch keine Resonanz, dann spricht viel dafür, dass die Bemühungen an der politischen Orientierung der Zeitung scheitern. In einem solchen Fall hilft die „Einsicht weiter, dass Pressearbeit nur ein Teil von Öffentlichkeitsarbeit ist: Öffentliche Resonanz ist in diesem Fall nur zu erreichen, wenn an die Stelle von Presseerklärungen (spektakuläre) Aktionen oder gut besuchte Veranstaltungen treten."(Franck 2017a, S. 112) Die wenigsten Medien können es sich erlauben, unübersehbare Ereignisse zu übergehen.

2.8 Auf einen Blick

1. Es kommt in der Pressearbeit nicht darauf an, Informationskanäle zu verstopfen, sondern sie intelligent zu nutzen.
2. Grundlage einer erfolgreichen Pressearbeit sind brauchbare Informationen für Journalistinnen und Journalisten.
3. Pressemitteilungen müssen einen Nachrichtenwert haben, kurz, verständlich und klar gegliedert sein. Das Wichtigste steht am Anfang.

4. Pressemitteilungen müssen auf Anhieb als Mitteilungen für die Presse erkennbar sein: Die Form muss stimmen.
5. Vor der Herausgabe einer PM ist die „Nachrichtenlage" zu prüfen.
6. Bilder erhöhen die Chance, dass eine PM beachtet wird.
7. Nie aufgeben: Nachhaken, wenn eine PM in den Medien nicht berücksichtigt wird.

Man muss etwas zu sagen haben, wenn man reden will.
Schrieb Goethe im August 1826 an F. v. Müller. Ein
vortreffliches Motto für Pressekonferenzen

Eine Pressekonferenz (PK) veranstaltet man nicht alle Tage, sondern dann – und nur dann –, wenn etwas von Bedeutung mitgeteilt werden soll. Wenn *Siemens* oder *BMW* zu einer PK einladen, um ihre Jahresbilanz vorzustellen, dann haben sie ein volles Haus. Aus der gesamten Republik reisen Journalistinnen und Journalisten an. Ob diese Konzerne rote oder schwarze Zahlen schreiben, entscheidet über das Schicksal vieler Menschen. Mit einer solchen Aufmerksamkeit können selbst große Umwelt- und Sozialverbände nur selten rechnen. Deshalb wird dort in der Pressestelle geprüft: Ist eine PK notwendig und sinnvoll, um unser Anliegen zu kommunizieren? Ist der Anlass – eine Studie, Befragung, Forderung usw. – wichtig genug? In Verbänden und Institutionen ohne großen Bekanntheitsgrad ist eine solche Prüfung noch wichtiger.

Wird eine PK anberaumt, weil der Vorstand feststellt: „Wir haben schon lange keine PK mehr gemacht", kann das nur schiefgehen: Journalisten flüchten nach wenigen Minuten. Zur nächsten PK kommen sie nicht mehr, wenn sie den Eindruck gewonnen haben, diese NPO hat nichts mitzuteilen.

© Springer Fachmedien Wiesbaden GmbH, ein Teil von Springer Nature 2019   21
N. Franck, *Professionelle Pressearbeit,* essentials,
https://doi.org/10.1007/978-3-658-26708-7_3

Was sind Anlässe für eine PK?[1] Dieses Mittel der Pressearbeit *kann* geeignet sein, um

- die Ergebnisse einer Fachtagung, Konferenz, Studie usw. zu erläutern,
- einen neuen Vorstand und seine Arbeitsvorhaben bekannt zu machen,
- den Rücktritt des Vorstandes zu begründen,
- Lokal-, Landes- oder Bundespolitik zu kommentieren,
- über die (drohende) Schließung einer Einrichtung zu informieren,
- ein neues Konzept vorzustellen,
- auf falsche Berichte oder Gerüchte zu reagieren.

Ob ein solcher Anlass im konkreten Falle geeignet ist, lässt sich mit folgenden Fragen überprüfen:

- Kann die Presse nicht auch auf anderem Wege informiert werden?
- Warum reicht eine Pressemitteilung nicht aus?
- Steht der mögliche Ertrag in einem sinnvollen Verhältnis zum Aufwand? Oder besteht die Gefahr, Journalisten zu verstimmen (eine Pressemitteilung ist in wenigen Minuten gelesen, eine PK nimmt mit An- und Abfahrt viel mehr Zeit in Anspruch)?

Pressekonferenzen sind also etwas Besonderes. Entsprechend sorgfältig und umsichtig müssen sie vorbereitet, durchgeführt und nachbereitet werden.

3.1   Gut vorbereiten

Vor jeder PK sind folgende Fragen zu klären: Aus welchem Anlass soll der Presse

- Was
- von wem

---

[1]Ich verwende durchgängig den Ausdruck *Pressekonferenz*. Kann eine NPO bei einer solchen „Konferenz" höchstens mit zwei Journalisten rechnen, ist *Pressegespräch* das treffendere Wort. Von Presse*konferenz* ist im Folgenden deshalb immer die Rede, weil meine Hinweise sich auf die größere Form beziehen. Mancher Hinweis ist für die Vorbereitung oder Durchführung eines Pressegesprächs ohne Bedeutung. Finden zum Beispiel Pressegespräche stets in den Vereinsräumen statt, kann der Gesichtspunkt Ort bei der Vorbereitung getrost vernachlässigt werden.

- wie
- wann und
- wo

mitgeteilt werden?

Was

Ein guter Anlass ergibt nicht automatisch eine interessante PK. Vielmehr muss überlegt werden: Was sind die zentralen Aussagen, die „rüberkommen" sollen? Was ist das Wichtigste? Nur wer sich das klargemacht hat, kann es auch anderen mitteilen. Pressekonferenzen sind nicht der Ort, um vor Journalistinnen laut über Gott und die Welt nachzudenken. Es müssen präzise Informationen und fundierte Aussagen mit Nachrichtenwert geboten werden.

Pressekonferenzen heißen zwar *Konferenzen,* sie dauern aber nie so lange wie eine Konferenz. Deshalb ist eine Konzentration auf das Wesentliche so wichtig. Wer nicht auf den Punkt kommt, kann schon nach fünf Minuten alleine sitzen, weil Journalisten vor „Plaudertaschen" flüchten.

Wer

Mehr als drei Personen sollten auf einer PK nur in Ausnahmefällen reden. Rechtzeitig und verbindlich ist festzulegen: Wer redet worüber? Aus leidvoller Erfahrung kann ich garantieren: Pressekonferenzen, vor denen sich die Beteiligten nicht abgesprochen haben, gehen in neunzig Prozent aller Fälle daneben: Die Teilnehmerinnen und Teilnehmer widersprechen einander, es häufen sich Wiederholungen usw.

Wer sollte Pressekonferenzen bestreiten? Nur selten ist es sinnvoll, dass zwei Vorstandsmitglieder reden. Der Vorstand ist immer wichtig. Aber nicht immer interessant. Deshalb sollten neben einem Vorstandsmitglied – je nach Thema und Anlass – Expertinnen oder Betroffene sprechen. Und es kann sinnvoll sein, dass eine Vertreterin einer anderen Organisation an der PK teilnimmt oder ein Parteien-Vertreter der Ihr Anliegen unterstützt.

Wie

„Sage nicht alles, was du weißt, aber wisse alles, was du sagst" – schrieb Matthias Claudius seinem Sohn Johannes. Ein gutes Motto für Pressekonferenzen: Man kann auf Pressekonferenzen alles sagen. Aber nicht länger als 10 min.

Was gesagt wird, sollte so formuliert sein, dass es im Originalton übernommen werden kann. Das heißt: Ein Statement wird zwar frei vorgetragen, aber vorher aufgeschrieben. Besondere Sorgfalt ist darauf zu richten, das Aufgeschriebene von der Schriftsprache in „Sprechsprache" zu übersetzen. Das ist Pflicht.

Zur Kür gehört das Feilen an einem Satz (einer genügt), der besonders originell formuliert ist. Journalistinnen sind für einen solchen Satz dankbar, weil er ihrem Artikel Würze gibt. In der Politik sind Profis tagelang damit beschäftigt, Begriffe zu finden, die die öffentliche Diskussion prägen. „Minuswachstum", „Verschlankung" (für Stellenabbau) oder „Respekt-Rente" sind Ergebnis harter Arbeit von Medienprofis und politischen Beratern.

Am Anfang eines Statements steht entweder – wie bei einer Pressemitteilung – das Wichtigste oder ein treffendes Zitat bzw. eine themenbezogene Episode (die in drei Sätzen erzählt sein muss).

Eine PK ist ein Ereignis. In der Vorbereitung sollte deshalb überlegt werden, wie der Ereignischarakter unterstrichen werden kann. Ist es zum Beispiel sinnvoll, Medien einzusetzen, um einen Sachverhalt zu veranschaulichen?

Wo

Der Ereignischarakter kann durch den Ort unterstrichen werden, an dem eine PK stattfindet. Es muss nicht immer ein Gruppen-, Tagungs- oder Konferenzraum sein. Lässt sich ein Missstand lokalisieren, bietet sich unter Umständen eine PK „vor Ort" an. Will eine Bürgerinitiative ihr Gegenkonzept zu einer geplanten Stadtautobahn vorstellen, kann die PK auch als (angemeldete) Demonstrationen auf einer Kreuzung durchgeführt werden. Hat ein Seniorinnen-Netzwerk eine CD herausgebracht, vermittelt eine PK im Aufnahmestudio mehr Atmosphäre als ein ausführlicher Bericht über die Produktionsbedingungen. Kurz: Ungewöhnliches ist erlaubt; nur peinlich darf es nicht sein. Und Journalisten müssen schreiben, aufnehmen, drehen können.

Bei der Wahl eines Ortes ist zu beachten: Er muss gut zu erreichen, groß genug, hell sein – und situationsangemessen: Streicht zum Beispiel die Stadt einem Frauenhaus die Zuschüsse, verbietet es sich, darüber auf einer PK im ersten Hotel am Ort zu informieren.

Ist mit Fernsehaufnahmen zu rechnen, muss der Bildhintergrund stimmen: Die Teilnehmerinnen und Teilnehmer sollten nicht vor einer Blümchentapete sitzen, sondern vor einem großen Plakat oder dem Logo der NPO.

Wann

Dienstag, Mittwoch und Donnerstag, zwischen 9 Uhr 30 und 15 Uhr. Wenn Sie eine PK langfristig vorbereiten können, sollten Sie

- nicht den Freitagnachmittag wählen: Sie machen sich bei Journalisten unbeliebt;
- den Montag auslassen: in vielen Redaktionen findet an diesem Tag die Wochenplanung statt;
- sich gegen den Nachmittag entscheiden: für Journalistinnen von Tageszeitungen „Schreibzeit".

Den günstigsten Zeitpunkt versuchen allerdings alle zu wählen, die eine PK veranstalten. Deshalb sollten Sie sicherstellen, dass zum geplanten Zeitpunkt die Konkurrenz nicht zu groß ist. Zweierlei ist zu prüfen:

Findet am gleichen Tag ein „Mega-Ereignis" statt, das alle anderen Ereignisse in den Schatten stellt? Kommt die Queen von England in eine Stadt, bringt die Lokalzeitung mindestens eine Doppelseite. Für andere Ereignisse gibt es höchstens noch einen Einspalter.

Gibt es zur gleichen Uhrzeit andere wichtige Pressekonferenzen, Veranstaltungen usw.? Eine PK des Bürgermeisters ist für die Lokalzeitung der wichtigste Termin. Eröffnet am gleichen Tag die Stadtsparkasse, häufig der beste Anzeigenkunde, eine Ausstellung, sind schon zwei Journalisten gebunden. Zu Ihrer PK kommt vielleicht ein Volontär, eine „Freie" – oder niemand.

Die Wahl des richtigen Zeitpunkts setzt einer langfristigen Planung Grenzen. Die in der Literatur so beliebten Rezepte für die minutiöse Planung einer PK sind daher wenig hilfreich. Die Kunst des richtigen Timings besteht darin, so langfristig wie möglich zu planen und so flexibel wie nötig Tag und Uhrzeit einer PK festzulegen. Fragen Sie einen Journalisten, ob etwas gegen den von Ihnen geplanten Termin spricht, wenn Sie unsicher sind, was der richtige Zeitpunkt ist.

In Online-Redaktionen ist der Vormittag besonders arbeitsintensiv: Mit Beginn der Bürozeit nehmen die Zugriffszahlen bei Online-Medien zu und erreichen in der Mittagspause einen Höhepunkt. Den klassischen Redaktionsschluss gibt es in Online-Redaktionen nicht.

3.2 Die Einladung

Die Einladung zu einer PK soll einladen. Sie muss informativ sein und neugierig machen. Das kann gelingen, wenn deutlich gemacht wird, *was* zu erwarten ist: Worum wird es gehen, *warum* ist das Thema wichtig? – Ein Beispiel:

Absender
Adressat

          Datum

Worum geht es?   **Einladung zur Pressekonferenz**

Überschrift   **Wie können alte Menschen besser betreut werden?**

Anrede	Guten Tag …,
Worum geht es auf der Pressekonferenz?	Das Netzwerk Westend, hat ein Konzept zur Verbesserung der Betreuung alter Menschen im Bezirk entwickelt.
	Kerngedanke des Konzepts ist eine … der stationären und ambulanten Pflege.
	Die Umsetzung des Konzepts würde zwei zentrale Probleme lösen: Die … und …
Einladung	Die Leitlinien unseres Konzeptes möchten wir Ihnen auf einer Pressekonferenz vorstellen, zu der ich Sie herzlich einlade.
Zeit	Am: 23. Mai ….
und	Um: 11.00 Uhr
Ort	Im: Rosa-Luxemburg-Haus, Roonstraße 12
Wer nimmt teil?	Teilnehmerinnen und Teilnehmer: • Anne Klein, Vorsitzende des Netzwerks • Stefanie Weil, Dezernentin für Soziales • Klaus Müller-Tornow, Fraktionsvorsitzender der SPD in der Bezirksversammlung.
Gruß	Viele Grüße
Wer beantwortet Fragen zur Pressekonferenz?	Eva Tommasini (Sprecherin) Tel.: 1234–98

Die Einladung wird einige Tage vor der PK verschickt. Sie wird um analoge oder digitale Antwortmöglichkeit ergänzt, wenn (im Anschluss) eine Bewirtung vorgesehen ist oder Pressemappen produziert werden sollen. Eine genaue Übersicht, wie viel Medienvertreter kommen, ist bei Kongressen, Tagungen und anderen „Großereignissen" erforderlich, wenn für Journalistinnen Arbeitsräume zur Verfügung gestellt werden müssen. Entsprechend frühzeitig müssen die Einladungen verschickt werden.

Zwei Tage vor der PK können Sie die Journalisten anrufen, die Sie persönlich kennen, und fragen, ob sie kommen.

3.3   Gekonnt durchführen

Journalistinnen dürfen zu einer PK zu spät kommen – die Veranstalter nicht. Sie müssen einige Zeit vor Beginn am Ort sein und sicherstellen, dass

- Getränke bereitstehen,
- die erforderlichen Medien funktionieren,

- die Unterlagen für die Presse ausliegen,
- Tische und Stühle so stehen, dass die Journalisten direkten Blickkontakt mit den Teilnehmern haben und sie nicht von der Seite ansprechen müssen.

Mit *Unterlagen* sind Informationen gemeint. Stift und Papier bringen Journalisten mit. Billige Kugelschreiber oder einen Vereinsblock brauchen sie nicht. Kann ein Verein keine Kugelschreiber im Wert von zehn oder mehr Euro verschenken, sollte er es ganz lassen. NPOs sollten auf „Präsente" verzichten und stattdessen Zeit und Arbeit für die Pressemappe investieren.[2]

Die *Pressemappe* muss keine *Mappe* sein. Gemeint sind Informationen und Materialien, die Journalistinnen die Arbeit erleichtern:

- eine Zusammenstellung der zentralen Aussagen der Teilnehmer der PK („Waschzettel"),
- Zahlen, Daten, Statistiken (wenn erforderlich),
- Bildmaterial,
- eine Selbstdarstellung oder anderes Hintergrundmaterial.

Lädt eine NPO häufiger zu Pressekonferenzen ein und verteilt dort mehr als zwei Blätter, sind Presse*mappen* eine gute Investition: Sie machen etwas her und erleichtern es, die Unterlagen heil in die Redaktion zu bringen.

Pressekonferenzen werden von der Pressesprecherin oder dem Pressereferenten moderiert. Der Pressesprecher begrüßt die Journalistinnen, erläutert in wenigen Worten den Anlass der PK, stellt die Teilnehmerinnen vor und gibt eine kurze Vorschau, wer zu welchem Thema spricht.

Nach den Statements der Teilnehmer eröffnet die Pressereferentin den Hauptteil der PK: die Frage- und Antwort-Runde. Für sie gelten zwei Regeln: Wer eine PK durchführt, muss bereit sein (fast) alle Fragen zu beantworten. Es gibt (fast) keine dummen und unzulässigen Fragen.

Wer etwas zu verschweigen hat, sollte keine PK durchführen. Wer zu einer PK einlädt, sollte auf unangenehme Fragen vorbereitet sein. Es gehört zur Arbeit von Journalistinnen „nachzubohren". Ausreden fordern dazu besonders heraus.

---

[2]Pressekonferenzen sollen Journalisten etwas bieten. Informationen. Diese Informationen sollten um Kaffee oder Tee, Wasser und Saft ergänzt werden. Das reicht. Findet die Pressekonferenz mittags statt, sollte mit ein paar belegten Brötchen den Teilnehmerinnen den Tagesablauf erleichtert werden. Laden Sie die Presse zu ihrem Sommerfest oder einmal im Jahr zum Essen ein. Das ist eine freundliche Geste. Mehr ist zuviel des Guten.

Können Sie eine Frage nach Zahlen, Daten, Fakten nicht beantworten, sagen Sie es, und versprechen Sie, die Informationen umgehend nachzureichen. Fragen werden nicht kommentiert, sondern beantwortet. Antworten sollen informieren und nicht belehren. Man darf sich wünschen, dass Journalisten etwas von der Materie verstehen, um die es geht – aber nicht davon ausgehen. Journalistinnen dürfen alles fragen. Wenn ihre Fragen keine Fragen sind, sondern Belehrungen oder Unterstellungen, ist – ausnahmsweise – folgende Antwort erlaubt: „An Ihrer Frage ist nur das Fragezeichen seriös." Nehmen Sie gleichwohl Stellung – und fahren Sie fort: „Zur Sache meine ich …"[3]

Wenn die Fragen eines Journalisten die anderen Journalistinnen nerven, sollte ihm die Pressesprecherin anbieten, seine Fragen im Anschluss an die PK zu beantworten.

Lässt das Interesse nach, werden keine Fragen mehr gestellt, schließt der Pressesprecher die PK mit einer freundlichen Bemerkung.

Nur Pressevertreterinnen dürfen sofort zum nächsten Termin eilen. Die Veranstalter sollten Zeit haben für Interviews und Nachfragen oder eine (private) Unterhaltung. Das Gespräch danach kann wichtiger sein als die eigentliche PK. Zu Journalistinnen und Journalisten, die man bislang noch nicht kannte, können erste Kontakte geknüpft werden. Und es besteht die Möglichkeit, sich in informellen Gesprächen Rückmeldungen über die PK zu holen.

3.4   Sorgfältig nachbereiten

Wer Kraft und Zeit in die Vorbereitung einer PK investiert hat, sollte die Arbeit bilanzieren:

* Wie viel der eingeladenen Journalistinnen kamen zur PK?
* Haben alle anwesenden Journalistinnen berichtet?
* Wie umfangreich haben sie berichtet?
* Welche Tendenz lässt die Berichterstattung erkennen?

Um Konsequenzen für künftige Pressekonferenzen ziehen zu können, ist vor allem auszuwerten:

* Fand das *Thema* Resonanz?
* Lud die *Einladung* wirklich ein und wurde sie rechtzeitig verschickt?

---

[3]Zum Umgang mit rhetorischen Fragen vgl. Franck (2012).

- Waren *Zeit* und *Ort* richtig gewählt?
- Was wurde (nicht) aufgegriffen?
- Was fehlerhaft wiedergegeben wurde (und woran liegt das)?

Eine PK nachbereiten, heißt oft auch: weiterarbeiten. Eine Pressemitteilung wird verschickt und auf die Website gestellt. Wenn Journalisten, die Sie persönlich kennen, nicht auf der Pressekonferenz waren, sollten Sie anrufen und fragen, ob sie das Thema der Pressekonferenz interessiert und ob sie – über die Pressemitteilung hinaus – noch weitere Informationen möchten.

3.5   Auf einen Blick

1. Eine PK veranstaltet man nur dann, wenn etwas von besonderer Bedeutung mitgeteilt werden soll.
2. Vor jeder PK ist zu klären, was, vom wem, wie, wann und wo den Medien mitgeteilt werden soll.
3. Ein Anlass oder ein Thema ergibt noch keine interessante PK. Der Anlass bzw. das Thema müssen aufbereitet, griffig kommunizierbar gemacht werden.
4. Der Ort einer PK kann ungewöhnlich, er muss situationsangemessen sein.
5. Einladungen zu einer PK sollen einladen. Deshalb müssen sie informativ sein und neugierig machen.
6. Auf einer PK werden Fragen beantwortet – nicht kommentiert.
7. Zur Nachbereitung einer PK gehört die Information der Journalistinnen und Journalisten, die nicht erschienen sind.

Auf den Punkt kommen: Interview und Hintergrundgespräch

4

Sie werden gerne gelesen, gehört oder gesehen: Interviews. Interviews eröffnen die Möglichkeit, einen Sachverhalt ungefiltert darzustellen, eine NPO-Meinung im O-Ton rüberzubringen. Interviews sind Thema im ersten Abschnitt dieses Kapitels. Es folgen Hinweise zum Hintergrundgespräch.

4.1 Interview

Nach einer Pk kommt ein Journalist und fragt, ob er noch ein kurzes Interview machen kann. Ein Regionalsender fragt, ob Sie in einem Live-Interview von 2½ min die Entscheidung der Landesregierung kommentieren wollen, das Nachtflugverbot zu lockern. Das Landesstudio X des Fernsehsenders Y will ein Team schicken, um Sie über die geplante Sanierung eines Altbauviertels zu interviewen, in dem viele alte Menschen und Migrantinnen und Migranten wohnen. – Eine große Chance und eine Herausforderung.

Die Chance nutzen, heißt: sich gut vorbereiten. Um sich gut vorbereiten zu können, sind vier Fragen wichtig: Welche sollen Themen angesprochen werden? In welchem Zusammenhang steht das Interview? Wie lange soll es dauern? Wie soll es ablaufen?

Wenn es die Zeit erlaubt und sich thematisch anbietet, können Sie Journalisten vorab Material Ihrer NPO zur Verfügung stellen. Das erhöht die Chance auf sachgerechte und sachkundige Fragen.

Medienprofis bereiten sich auf jedes Interview vor; sie handeln nicht nach der Maxime „es wird mir schon etwas einfallen", sondern arbeiten an griffigen Formulierungen. Sie stellen sicher, dass sie ihre *Message* im Kopf haben. Medienprofis kommen deshalb in Interviews rasch auf den Punkt. Das ist wichtig, da Zeit bei Sendeanstalten bzw. Platz in Zeitungen immer knapp ist.

© Springer Fachmedien Wiesbaden GmbH, ein Teil von Springer Nature 2019
N. Franck, *Professionelle Pressearbeit*, essentials,
https://doi.org/10.1007/978-3-658-26708-7_4

Was sollte man während eines Interviews beachten?

- *Kurz und prägnant antworten.* Das ist deshalb wichtig, weil Interviews häufig gekürzt werden. Sind Antworten zu lang, kann es passieren, dass eine Antwort völlig gestrichen oder geschnitten wird.
- *Wissenslücken nutzen.* Nicht ärgern, wenn sich ein Journalist nicht auskennt, sondern die Chance nutzen, durch die Antworten seine Fragen zu steuern.
- *In ganzen Sätzen antworten.* Weder ein „Ja" noch ein „Nein" sind in Rundfunknachrichten sendefähig. Antworten Sie deshalb mit einem ganzen Satz, auch wenn ein „Ja" genügen würde: Frage: „Sind Sie für ein Tempolimit?" Antwort: „Ich befürworte ein Tempolimit nachdrücklich." Dieser Satz kann als O-Ton gesendet werden.
- *Sagen, was Sie sagen möchten.* Gehen Sie bei einer Kettenfrage auf den Aspekt ein, den Sie für den wichtigsten halten.
- *Interviewverlauf beeinflussen.* Bei Interviews wird häufig am letzten Satz angeknüpft, um die nächste Frage zu stellen. Wenn Sie das Wichtigste im letzten Satz sagen, können Sie den Verlauf des Interviews beeinflussen.
- *Antworten gliedern.* Das erleichtert das Zuhören: „Ihre Frage spricht drei verschiedene Aspekte an. Ich will zunächst auf … eingehen, dann auf … und schließlich auf die Frage nach …".
- *Widerspruch ist erlaubt.* Enthält die Frage eine Voraussetzung, die Sie nicht teilen, weisen Sie darauf hin: „Ihre Frage enthält eine Voraussetzung (einen Gegensatz), die ich nicht teile. Ich gehe aber gerne auf das angesprochene Problem ein."

Was tun, wenn eine Frage Schwierigkeiten bereitet? Die Frage *einengen oder ausweiten. Einengen:* „Ich beantworte Ihre Frage an einem konkreten Beispiel." *Ausweiten:* „Ich will Ihre Frage in einen größeren Zusammenhang einordnen.".

Sind Sie mit Ihrem Interview zufrieden, können Sie es – nach Absprache mit der jeweiligen Redaktion – in einer Presseerklärung zusammenfassen. Ein Beispiel:

Die Entscheidung des Oberbürgermeisters der Stadt Weimar, Tatort-Drehs künftig nicht mehr zu unterstützen, sei „ein Affront gegen alle Thüringer Tatort-Fans". Dies erklärte Peter Pau, Vorsitzender des Tatort-Fanklubs, der *Thüringer Allgemeine.* Pau warnte vor den Folgen fehlender Unterstützung von Tatort-Drehs für die Qualität der Serie, dem Ruf der Stadt und des MDR. Er forderte den Stadtrat auf, ….

Zeitung

Bestehen Sie bei Zeitungsinterviews darauf, den Text zu autorisieren, der veröffentlicht werden soll. Das ist ein übliches Verfahren. Einzelne Formulierungen können korrigiert werden.

Wurden bei einem längeren Interview Teile Ihrer Antworten gestrichen, steht es Ihnen frei, die Schwerpunktsetzung zu verändern. Sie können allerdings nicht den Text völlig umschreiben, wenn Sie ungeschickt oder unzulänglich geantwortet haben.

Haben Sie ein Interview regelrecht verpatzt, bleibt als letzte Möglichkeit, den Abdruck zu verweigern. Sie sollten allerdings die Folgen bedenken: Sie werden in der nächsten Zeit nicht mehr um ein Interview gebeten.

Rundfunk

Kurze und prägnante Antworten sind bei Rundfunkinterviews besonders wichtig. Die Hörer müssen Ihre Antworten auf Anhieb verstehen. Radiohören ist für die meisten Menschen eine Nebenbeschäftigung, der sie nicht die volle Aufmerksamkeit schenken. Deshalb: kurze und knappe Antworten ohne Fremdwörter, Fachausdrücke und Abkürzungen. *Kurz und knapp* meint: Eine Antwort ist nicht länger als vier klar gegliederte Sätze. Bereits ein Satz mit mehr als 14 Wörtern überfordert viele Menschen; und bei mehr als 20 Wörtern schaltet die Mehrzahl der Hörerinnen und Hörer ab.

Wenn Sie langsam, ruhig und sachlich sprechen, können die Hörerinnen Ihnen gut folgen; und Sie werden sich nicht versprechen oder Schwierigkeiten haben, einen Satz richtig zu beenden. Wer zu schnell spricht, macht sich und den Zuhörern keine Freude. Deshalb: nicht „ohne Punkt und Komma" reden. Wer Pausen macht, dem geht nicht die Luft aus. Pausen sind

- ein rhetorisches Mittel: Lassen Sie eine wichtige Aussage wirken, indem Sie eine kurze Pause anschließen;
- eine Gliederungshilfe: Signalisieren Sie durch eine Pause, dass eine neue Überlegung folgt;
- eine Wohltat für den Sprecher und die Zuhörerin, denn sie geben Gelegenheit, Luft zu holen und nachzudenken.

Mit prägnanten Beispielen, Vergleichen und Analogien können komplizierte Sachverhalte veranschaulicht werden:

- Täglich wird die Fläche von 90 Fußballfeldern (statt 64 Hektar) dem Siedlungs- und Straßenbau geopfert.
- „Mit einem Tropfen Honig fängt man mehr Fliegen als mit einem Fass Essig."

„Wegweiser" erleichtern es den Zuhörern, zu folgen:

- Drei Tatsachen sprechen für ein Tempolimit. Tatsache 1: … Tatsache 2: …
- Ihre Frage spricht zwei Probleme an. Zunächst zum ersten Problem, der Altersarmut.

Sprechen Sie direkt ins Mikrofon. Gehen Sie jedoch nicht zu dicht heran, sonst blubbern die Mitlaute.

Ist das Interview nicht live, fragen Journalisten am Schluss häufig, ob etwas Wichtiges vergessen wurde. Sie können dann noch nachtragen, was Sie nicht losgeworden sind. Im Studio wird eine Frage zu Ihrer Antwort eingespielt.

Fernsehen

Ein TV-Sender kündigt sich für ein 3-min-Interview an. Das heißt: 60 min einplanen: Die Beleuchtung muss eingerichtet, der richtige Hintergrund für die Aufnahmen gesucht (oder arrangiert) werden, vielleicht wird noch eine Außenaufnahme gemacht usw.

Wohin schauen, wenn die Kamera läuft? Entweder die Interviewerin anschauen oder in die Kamera blicken. Wenn Sie sich für die zweite Möglichkeit entscheiden, entsteht bei den Zuschauern der Eindruck, dass Sie sich direkt an sie wenden. Blicken Sie erst dann in die Kamera, wenn die Frage gestellt ist. Wenden Sie sich langsam der Kamera zu und antworten Sie. Schauen Sie nach der Antwort wieder die Interviewerin an.

Sagen Sie „Guten Tag (Morgen, Abend) Frau …", wenn Sie von der Redakteurin begrüßt werden. Am Ende des Interviews wird Ihnen für das Gespräch gedankt. Bedanken Sie sich nicht. Sie haben ja etwas geboten. Sagen Sie: „Gerne" und – je nach Temperament und Inhalt des Interviews – „Tschüss, Frau …", „Schönen Abend noch" oder: „Auf Wiedersehen".

Sie müssen übrigens nicht warten, bis Sie um ein Interview gebeten werden. Sie können Medien auch ein Interview anbieten, wenn Sie etwas Interessantes zu sagen haben. „Sich bei einem Medium zu melden, hat nichts mit sich anbieten, anbiedern und an der Tür kratzen zu tun. Es ist der ganz normale Weg" in die Medien (Campenhausen 2014, S. 131).

4.2   Hintergrundgespräch

Mit und über die Presse Politik zu machen, ist in Berlin, München, Erfurt und anderswo ein beliebtes Spiel. Wenn samstags im *Spiegel* gemeldet wird, in den Fluren des Roten Rathauses in Berlin erwarte „man" täglich, dass diese oder jener in den nächsten Tagen in die zweite Reihe zurücktreten müsse, dann standen nicht *Spiegel*-Reporter einige Tage in den Rathausfluren. Vielmehr wurde dem *Spiegel* etwas „gesteckt". Nicht selten macht sich der Informant große Hoffnung, Nachfolger der Person zu werden, die angeblich auf der „Abschussliste" steht.

Um diese Art der Hinterhaltgespräche geht es mir nicht, sondern um Hintergrundgespräche als Mittel seriöser Pressearbeit. Die meisten Hinweise zur Planung und Vorbereitung eine PK gelten auch für das Hintergrundgespräch. Ich führe nur neue Gesichtspunkte an.

Hintergrundgespräche sind für eine kontinuierliche Pressearbeit nützlich. Sie zahlen sich nicht unmittelbar aus, können jedoch langfristig Früchte tragen. Hintergrundgespräche sind ein Mittel,

- Kontakte mit Journalistinnen zu vertiefen,
- Anstöße für eine Berichterstattung zu geben und
- Verständnis für Ihre Arbeit zu wecken bzw.
- Missverständnisse über die Vereinsarbeit auszuräumen.

Hintergrundgespräche dienen dazu, Journalisten mit Informationen zu versorgen, die über die Tagesaktualität hinausgehen und ihnen einen besseren Einblick in die Arbeit Ihrer NGO zu geben. Das können Hintergrundinformationen über langfristige Projekte und Vorhaben oder wichtige Personalentscheidungen sein.

Zu Hintergrundgesprächen sollte man nur dann einladen, wenn auch tatsächlich Hintergrundinformationen geboten werden können: Informationen, die dem Verständnis künftiger Vorhaben dienen und die Einordnung anstehender Entscheidungen erleichtern.

Hintergrundgespräche können beiden Seiten nutzen: Journalisten sind in der Lage, über ein Ereignis oder eine Entscheidung kompetent zu berichten. Für den Verein oder die Initiative erhöht sich die Chance, ins rechte Licht gerückt zu werden.

Die Intention des Hintergrundgesprächs bestimmt die Form. Es ist keine Frage- und Antwortrunde, sondern ein Gespräch. Der im Vergleich zur PK informelle Charakter dieses Gesprächs kann dadurch unterstrichen werden, dass es als „Pressefrühstück" (mit allem, was dazugehört) durchgeführt wird.

Zum Frühstück lädt man keine fremden Menschen ein. Das gilt auch für das Pressefrühstück oder Hintergrundgespräch: Ein offenes Gespräch setzt eine längere Zusammenarbeit voraus, in der sich ein Vertrauensverhältnis entwickeln konnte. Während Sie bei einer PK alle Journalistinnen gleich behandeln, treffen Sie bei einem Hintergrundgespräch eine Auswahl.

Eine NPO, die nichts zu verbergen hat, sollte Hintergrundinformationen als zusätzliches Informationsangebot verstehen und Journalisten die Entscheidung überlassen, was sie bringen wollen. Der Hinweis, „diese Information bitte vertraulich behandeln", sollte die Ausnahme sein. Wenn alle Informationen „off the record" sind, vergraulen Sie Ihre Gesprächspartner.

4.3   Auf einen Blick

1. Interviews sind eine große Chance, die Sicht eines Verbands oder Vereins einer breiteren Öffentlichkeit im O-Ton zu vermitteln. Deshalb sollten sie sehr sorgfältig vorbereitet werden.
2. In Interviews darf man nicht mit der Maxime gehen „es wird mir schon etwas einfallen". Zentrale „Botschaften" müssen vorbereitet werden.
3. Journalistinnen entscheiden, was sie fragen. Sie haben die Freiheit zu entscheiden, was und wie Sie antworten.
4. Bei Rundfunk- und Fernsehinterviews langsam und ruhig sprechen.
5. Versprecher sind kein Problem und kein Grund für Hektik.
6. Hintergrundgespräche sind eine gute Möglichkeit, Anstöße für eine Berichterstattung zu geben, Verständnis für Ihre Arbeit zu wecken und Kontakte zu vertiefen.
7. Hintergrundgespräche sind etwas Besonderes. Das Besondere findet nicht alle Tage statt und muss gut vorbereitet werden: Es müssen wirklich *Hintergrund*informationen geboten werden.

Professionell und freundlich: Umgang mit Journalistinnen und Journalisten

5

Journalistinnen und Journalisten sind an *News* interessiert. Sie haben ein Faible für Neuigkeiten, die einen Informationswert haben, glaubwürdig und verständlich sind. Das ist ihr Beruf. Und sie erwarten von der „anderen Seite" einen professionellen Umgang mit den Erfordernissen ihrer Profession.

5.1 Professionell und persönlich

Journalistinnen, die über NPOs berichten, wollen einen festen Ansprechpartner. Sie wollen nicht heute eine Pressemitteilung vom Geschäftsführer, morgen einen Veranstaltungshinweis von einer Fachreferentin und am Tag darauf einen Anruf vom Vorsitzenden.

Journalisten sind dankbar, wenn die Pressesprecherin in der Lage ist, ihre Perspektive einzunehmen. Sie schätzen es, wenn der Pressereferent jede Mitteilung, die an die Presse gehen soll, prüft, ob sie einen Nachrichtenwert hat. Der erste Schritt zum richtigen Umgang mit Journalisten ist dann getan, wenn nicht rausgeht, was keinen Nachrichtenwert hat. Nichtinformationen landen im *Redaktionspapierkorb* – und die NPO bzw. ihr Pressesprecher erhält den Ruf, keine Quelle für Nachrichten zu sein, sondern ein Langweiler.

Eine Pressesprecherin ist dafür verantwortlich, dass die Arbeit der NPO in den Medien Resonanz findet. Das gelingt nur mit einem gewissen Maß an Distanz zu dieser Arbeit. Versteht sich eine Pressesprecherin als Verkünderin von Beschlüssen und Forderungen, ist sie für Journalisten keine ernsthafte Gesprächspartnerin. Versteht sich die Pressesprecherin als Kommunikationspartnerin, die Informationen aufbereitet, Zusammenhänge herstellt und Hintergründe erläutert, ist der Grundstein für eine erfolgreiche Zusammenarbeit gelegt.

© Springer Fachmedien Wiesbaden GmbH, ein Teil von Springer Nature 2019
N. Franck, *Professionelle Pressearbeit*, essentials,
https://doi.org/10.1007/978-3-658-26708-7_5

Ein Kommunikationspartner der Presse folgt dem Motto: „Nicht die Masse macht's". Eine Kommunikationspartnerin der Presse gibt lieber weniger, dafür aber stets informatives Material an die Presse. Und die Pressesprecherin, der Pressereferent muss überzeugt sein, dass die Fakten stimmen und die Schlussfolgerungen seriös sind – sie haben einen Ruf zu verlieren.

Kommunikation mit einem Partner sollte so direkt wie möglich erfolgen. Man kommuniziert nicht mit dem *Westdeutschen* oder *Norddeutschen Rundfunk,* sondern mit zuständigen Redaktionen oder besser: mit einem zuständigen Redakteur. Pressemitteilungen oder Einladungen zur Pressekonferenz werden deshalb nicht an den Chefredakteur geschickt (in der Hoffnung, der wird schon dafür sorgen, dass jemand berichtet). Die direkte Kommunikation muss zügig erfolgen, denn Nachrichten müssen aktuell sein.

Wer Medien etwas anbieten will, sollte deren Formate kennen. Andernfalls signalisiert man: Ich weiß nicht, mit wem ich spreche – und blamiert sich gründlich.

Wer sich nicht blamieren möchte, stellt sicher: Die Geschichte oder die Hintergrundinformation, die man anbietet, war nicht schon in den letzten Wochen zu lesen, zu sehen oder zu hören. Journalisten sind verstimmt, wenn man ihr Medium nicht aufmerksam wahrnimmt. Von einem Pressesprecher erwarten sie, dass er die Medien aufmerksam verfolgt, die für ihn relevant sind.

Journalistinnen sind häufig mit Arbeit und Terminen bis über beide Ohren zugedeckt. Hoffen Sie deshalb nicht darauf, dass Journalisten auf Sie zugehen. Sie müssen Informationen anbieten: Wer sich zu Wort meldet, hat Chancen, zu Wort zu kommen.

Wenn Sie neu in einer Pressestelle sind: Machen Sie den ersten Schritt. Rufen Sie in der Redaktion an und vereinbaren Sie einen Besuch. Keine Lokal- oder Regionalredaktion wundert sich über dieses Ansinnen. Sie können auch einen „offiziellen Anlass" wählen, zum Beispiel einen kleinen Imbiss im Anschluss an eine Pressekonferenz.

Weil Journalisten häufig viel zu tun haben, sollten Sie umständliches Erzählen vermeiden, wenn Sie eine Geschichte anbieten. Plaudertaschen sind nicht beliebt. Bringen Sie Ihr Angebot auf den Punkt – zum Beispiel: Ich habe eine interessante Geschichte über zwei Frauen, die ehrenamtlich …

Ein Grundsatz ist in der Pressearbeit besonders wichtig: Alle Journalistinnen und Journalisten gleich behandeln. Dieses Prinzip sollte vor allem dann beachtet werden, wenn man sich über einen Journalisten geärgert habt. Nie mit „Informationsentzug" bestrafen: Sie schaden nur sich selbst. Teilen Sie vielmehr dem oder der Betreffenden (nicht der Chefredakteurin!) mit, was Ihnen warum missfiel.

Ausnahmen von dieser Regel sind zulässig. Nicht alle Medien sind für Ihre Arbeit gleich wichtig. Ein Journalist, der für die Zeitung schreibt, die in Ihrer Region die größte Beachtung findet, ist „gleicher" als andere. Das gilt auch für die Redakteurin, die für einen Sender arbeitet, der die größte Wirkung in Ihrem Arbeitsfeld hat.[1] In diesem Sinne wichtige Journalistinnen sollten Sie gelegentlich mit Hintergrundinformationen versorgen oder ihnen eine Geschichte exklusiv anbieten. Das setzt voraus, dass diese Informationen auch tatsächlich einen hervorgehobenen Exklusivbericht rechtfertigen. Sie sollten jedoch die Bevorzugung eines oder weniger Journalisten nicht zur Regel machen, sonst verderben Sie sich die Beziehungen zu den übrigen Medien.

Haben Sie über die Vorleistung aktuelle und interessante Informationen einen persönlichen Kontakt zu einigen Journalisten hergestellt, sollten Sie den Kontakt auch dann pflegen, wenn es nichts Konkretes zu besprechen gibt. Journalisten sind Menschen, die sich auch gerne beim Wein, Bier oder Saft mit netten Menschen unterhalten (und ein bisschen klatschen und tratschen).

Ein guter Draht zu Journalisten ist zwar keine Garantie für erfolgreiche Pressearbeit; er sorgt aber dafür, dass Ihren Pressemitteilungen und Veranstaltungen mehr Aufmerksamkeit geschenkt wird. Und über persönliche Kontakte können Sie leichter erfahren, warum eine Ankündigung nicht erschienen ist, ein Termin nicht wahrgenommen wurde: Lag es an der „Nachrichtenflut"? War der Nachrichtenwert zu gering? Oder hatte schlicht niemand Zeit? Sie können also durch Rückmeldungen lernen. Diese Chance gilt es zu nutzen.

5.2 Die Medienlandschaft kennen und nutzen

Persönliche Kontakte zu Journalistinnen und Journalisten sind wichtig und sollten gepflegt werden. Doch Pressearbeit kann nicht auf persönliche Kontakte beschränkt werden. Nutzen Sie das gesamte Spektrum der Medien, deren Leser, Hörerinnen und Zuschauer sich für Informationen Ihrer NPO interessieren könnten.

---

[1]Beachtung und Wirkung sind nicht identisch mit Reichweite (Auflage oder Zuschauerzahlen). Ein Anzeigenblatt mag eine höhere Auflage haben als die Lokalzeitung. Mehr Aufmerksamkeit finden die Berichte der Lokalzeitung. Veröffentlichte die auflagenstarke *Frankfurter Allgemeine Zeitung* einen Aufruf zu einer Demonstration gegen Mietwucher, hätte diese kleine Pressesensation einen geringeren Mobilisierungseffekt als ein Aufruf in der auflagenschwachen *taz.*

Dafür ist eine kontinuierliche Pressebeobachtung notwendig. Sie vermittelt ein Gespür für „Themenkonjunkturen": Werden zum Beispiel lokale Initiativen oder regionale NPOs dann stärker beachtet, wenn ihr Arbeitsfeld bundesweit in der Diskussion ist? Eine professionelle Pressebeobachtung ist Voraussetzung für einen sachkundigen Überblick, welche Medien bzw. Redaktionen über welche Themen berichten. Gibt es zum Beispiel eine Wissenschaftsseite, wer berichtet über Umweltthemen, werden Sozial- und Entwicklungspolitik vor allem im Wirtschaftsteil aufgegriffen?

Unbeliebt macht sich, wer nicht weiß, welcher Redakteur über welche Themen schreibt. So wie Journalistinnen recherchieren, wer für ein Thema wichtig ist, müssen Presseverantwortliche wissen, wer über welche Themen schreibt.

Durch eine regelmäßige Presseauswertung können Freie Journalisten entdeckt werden, die vielleicht eher für ein bestimmtes Thema zu interessieren sind als die Redakteurinnen, die Sie gewöhnlich ansprechen.

Die Kenntnis der Medienlandschaft ermöglicht kompetente Entscheidungen, welche Medien zielgerichtet mit Informationen versorgt und für eine Berichterstattung interessiert werden sollten bzw. können. Wichtig ist: kein Medium übersehen. Und stets prüfen: Ist das, was Sie gerne über Ihre NPO lesen, hören oder sehen möchten, von lokaler, regionaler oder überregionaler Bedeutung?

Ein lokales Ereignis hat dann Chancen, überregional wahrgenommen zu werden, wenn es originell ist. Ein Beispiel: Jedes Altenheim macht eine Weihnachtsfeier. Und keiner Lokalredaktionen mangelt es im Dezember an Berichten über Weihnachtsfeiern. Veranstalten die Bewohnerinnen und Bewohner eines Altenheims keine Weihnachtsfeier, sondern demonstrieren sie, vielleicht zusammen mit dem VCD und dem ADFC, an jedem Samstag im Dezember für längere Grünphasen der Fußgängerampeln, damit auch langsamere Menschen sicher über die Straße kommen, wird diese Aktion bestimmt von regionalen und überregionalen Medien beachtet. Allgemeiner: Wird etwas Neues, Originelles, Beispielhaftes gemacht, entdeckt oder vorgeschlagen, gilt für die Pressearbeit: keine falsche Bescheidenheit.

Um in diesem Sinne unbescheiden zu sein, ist ein sorgfältig gepflegter Presseverteiler erforderlich. Mit einem Adressverwaltungsprogramm kann der Verteiler einer kleinen NPO problemlos für eine zielgerichtete Pressearbeit differenziert werden (große NPOs nutzen kostenpflichtige Datenbanken, zum Beispiel *zimpel*). Neben einem „großen" Verteiler, in dem alle Medien bzw. Journalistinnen und Journalisten erfasst sind, die Sie bei besonders wichtigen Ereignissen informieren wollen, können Spezialverteiler für eine gezielte Ansprache angelegt werden.

Über www.news.de und andere Presseportale können Pressemitteilung kostenlos veröffentlicht werden. Einen Überblick über die kostenfreien Portale ist auf den Seiten von *PR-Gateway* zu finden: pr-gateway.de/white-papers/presseportal-report/Relevanter, weil von mehr Journalistinnen und Redakteurinnen genutzt, ist der kostenpflichtige „Originaltext Service" (OTS), der von der dpa-Tochter *news aktuell* betrieben wird: www.newsaktuell.de.

5.3   Presse-Service im Netz

Alle Journalisten nutzen das Internet für ihre Arbeit. Viele Redakteurinnen sind unzufrieden mit dem Online-Angebot von NPOs. Was erwarten Redakteurinnen und Journalisten?

Sie wollen auf Anhieb eine Rubrik „Presse" (oder „Medien", bzw. „Mediencenter" bei einem umfangreichen Angebot) finden.

Unter „Presse" sollte – abhängig von der Größe eines Vereins oder Verbandes – zu finden sein:

- Ansprechpartner, die für Medienarbeit zuständig sind; auf die anonyme E-Mail-Adresse presse@... sollte trotzdem nicht verzichtet werden. Der Grund: Viele Unternehmen und Verbände haben eine solche Adresse. Deshalb schreiben Journalisten, die nicht nachschauen wollen, wer ihr Ansprechpartner ist, an presse@...;
- aktuelle Pressemitteilungen und ein Pressearchiv,
- Porträts der Vorstandsmitglieder und der Geschäftsführerin,
- Fotos der Vorstandsmitglieder, des Geschäftsführers und anderer möglicher Interview-Partner zum Herunterladen,
- den Jahresbericht zum Herunterladen,
- Informationen (Grafiken) über die Finanzen und die Mitglieder- und Spendenentwicklung,
- ein Formular zum Abonnieren von Pressemitteilungen und anderen Informationen.

Bei manchen Unternehmen oder Institutionen müssen sich Journalistinnen registrieren, bevor Sie Zugang zum Pressebereich erhalten. Das ist vor allem dann lästig, wenn ein Journalist sehr schnell eine Information oder ein Bild benötigt, die Registrierung aber einige Zeit in Anspruch nimmt.

Wie schnell muss man auf eine E-Mail einer Journalistin antworten? So schnell wie notwendig und möglich. Für die Frage eines Tageszeitungsjournalisten kann *notwendig* heißen: innerhalb einer Stunde. Was so schnell wie *möglich* bedeutet, hängt von Grad der Professionalisierung der Pressearbeit und den Personalkapazitäten einer Pressestelle ab.

5.4   Auf einen Blick

1. Journalistinnen wollen einen festen Ansprechpartner, der in der Lage ist, ihre Perspektive einzunehmen. Wer in einer NPO für die Pressearbeit zuständig ist, darf sich nicht als „Verkünderin" oder „Verkünder" verstehen.
2. Journalisten stets zügig und direkt informieren.
3. Klasse vor Masse.
4. Alle Journalistinnen und Journalisten gleich behandeln. Ausnahmen von dieser Regel sind zulässig.
5. Eine erfolgreiche Pressearbeit setzt eine kontinuierliche Medienbeobachtung und Medienauswertung voraus.
6. Für NPOs, die neue Wege gehen, originelle Aktionen machen oder beispielhafte Problemlösungen entwickeln, gibt es keinen Grund für falsche Bescheidenheit in der Pressearbeit.
7. Die „Presse"-Rubrik der Homepage ist eine Visitenkarte. Alle Daten, Fakten und Bilder müssen aktuell und leicht zu finden sein.

Gelassen bleiben: Konflikte mit der Presse und Krisenkommunikation

6

Konflikte mit der Presse gehören zum Geschäft. Um solche Konflikte geht es im ersten Abschnitt.

Jede NPO kann in die Kritik geraten. Kritik ist Lebenselixier der Demokratie – keine Katastrophe. Kritisiert werden, heißt nicht: in die Krise geraten. Wann ist Krisenkommunikation notwendig? Wie sollte eine NPO mit Kritik umgehen und wie sich für den Krisenfall wappnen? Darum geht es im zweiten Abschnitt.

6.1   Gelassen bleiben: Konflikte mit der Presse

Gelassenheit ist Voraussetzung für einen professionellen Umgang mit Medien. Journalistinnen sind nicht auf der Welt, um NPOs zu loben. Nicht immer fällt ein Bericht zur Zufriedenheit eines Verbands aus. Ist ein Bericht sachlich richtig, aber unvollständig oder in der Tendenz unfreundlich, sollten Sie sich nicht sofort beschweren oder eine Gegendarstellung schreiben. Weder der Zynismus vieler Stars und Sternchen *(Hauptsache mein Name ist richtig geschrieben)* noch die Eitelkeit mancher Vorstandsmitglieder *(mein Name wurde gar nicht erwähnt!)* sind für eine zielgerichtete Pressearbeit hilfreich.

Zwischen Schweigen und Gegendarstellung gibt es eine Reihe von Möglichkeiten, fehlerhafte Darstellungen zu korrigieren und auf unsachliche Kritik zu reagieren. Bei schwerwiegenden Fehlern in einem Bericht sollten Sie versuchen, in einem Gespräch mit dem zuständigen Redakteur eine Lösung zu finden, mit der beide Seiten leben können.

Das kann ein *redaktioneller Hinweis* auf einen Irrtum in der Berichterstattung sein oder ein *zweiter Artikel,* in dem der Sachverhalt – ohne ausdrücklichen Hinweis auf Fehler in der vorangegangenen Berichterstattung – korrekt dargestellt wird.

© Springer Fachmedien Wiesbaden GmbH, ein Teil von Springer Nature 2019   43
N. Franck, *Professionelle Pressearbeit,* essentials,
https://doi.org/10.1007/978-3-658-26708-7_6

Auch *Leserbriefe* sind geeignet, Darstellungen ohne große Auseinandersetzungen oder juristischen Aufwand zu korrigieren. Vereinbaren Sie mit der Redaktion, dass Sie einen Leserbrief schreiben, der ungekürzt veröffentlicht wird. Leserbriefe sollten nicht in einem verbissenen Ton geschrieben werden. Gelingt es, eine Korrektur oder Ergänzung mit ein wenig Ironie zu verbinden, gewinnt man die Sympathie der Leserinnen und Leser.

Nach Absprache mit der Redaktion kann auch eine *Richtigstellung* veröffentlicht werden. Bevor man eine Richtigstellung schreibt, sollte vereinbart werden, dass sie unverändert gedruckt und von der Redaktion nicht kommentiert wird.

Die *Gegendarstellung* ist eine erzwungene Richtigstellung. Sie sollte letztes Mittel in der Pressearbeit sein, denn sie verhärtet die Fronten in einem Konflikt und erschwert die zukünftige Zusammenarbeit.

Das Recht auf Gegendarstellung ist in den Presse- und Rundfunkgesetzen der Länder geregelt. Werden Privat- oder juristische Personen (zum Beispiel eine NPO) in ihrem Persönlichkeitsrecht verletzt, können sie eine Gegendarstellung verlangen.

Richtiggestellt werden können nur falsche Tatsachenbehauptungen. Kommentiert ein Redakteur die Entscheidung eines Vereinsvorstandes zum Beispiel mit den Worten „dieser Vorstandsbeschluss richtet sich gegen die Interessen der Mitglieder", ist das keine Tatsachenbehauptung, sondern ein – zulässiges und gesetzlich geschütztes – Werturteil.

Eine Gegendarstellung muss schriftlich erfolgen. Die Forderung, eine Gegendarstellung zu veröffentlichen, muss vom Betroffenen unterzeichnet werden (bei Vereinen von dem oder der Vorsitzenden) bzw. von einem Rechtsanwalt.

Die Gegendarstellung darf nicht länger sein als der beanstandete Text. Sie darf nicht von der Redaktion verändert werden und muss

- im gleichen Teil (z. B.: Wirtschaftsteil) veröffentlicht werden, in dem der Artikel mit falschen Behauptungen platziert war;
- in der Schriftgröße wie der beanstandete Text gesetzt werden;
- unverzüglich erscheinen;
- mit dem Namen des oder der Betroffenen veröffentlicht werden.

In einer Gegendarstellung dürfen nur Tatsachenbehauptungen richtiggestellt werden. Gegendarstellungen enthalten keine Wertungen. Üblich ist folgende Form:

Sie schreiben in Ihrer Ausgabe vom …: „Der Vorsitzende des …, Jürgen vom Pfluge, sei Aufsichtsratsmitglied der … AG."
Diese Behauptung ist falsch. Richtig ist vielmehr: Jürgen vom Pfluge ist weder in der … AG noch in einem anderen Unternehmen Aufsichtsratsmitglied.

In der Regel nutzt jede Redaktion ihr Recht, am Ende einer Gegendarstellung darauf hinzuweisen, sie sei gesetzlich verpflichtet, die Gegendarstellung ohne Rücksicht auf den Wahrheitsgehalt zu veröffentlichen. Und die Redaktion kann hinzufügen, dass sie bei ihrer Darstellung bleibt. Auch aus diesem Grunde ist der Nutzen einer Gegendarstellung fraglich; Aufwand und Ertrag sind deshalb kritisch zu prüfen.

Lehnt eine Redaktion die Veröffentlichung ab, muss der Rechtsweg beschritten werden. Gerichte entscheiden nur über den Anspruch, auf eine Gegendarstellung, nicht über deren Wahrheitsgehalt.

Nur wenn kein Dialog mehr möglich ist, sollte dieses Mittel eingesetzt werden. Ein professioneller Umgang mit Journalistinnen und Journalisten hilft, solche Zuspitzungen zu vermeiden.[1]

Ein professioneller Umgang schließt das Wissen ein, wie man sich wehrt. Zu einem professionellen Umgang gehört auch die freundliche Reaktion auf eine positive Berichterstattung.

6.2   Krisenkommunikation

Ist ein kritischer Bericht in der Lokal- oder Regionalpresse eine Krise? Ist ein vorwurfgespickter Beitrag in einem Politikmagazin der ARD eine Krise? Wann hat eine Kritik auf *Facebook* oder *Twitter* einen kritischen Punkt erreicht? – Auf diese Fragen gibt es keine verbindlichen Antworten, sondern nur zwei Empfehlungen: Akzeptieren, dass auch die Guten kritisiert werden dürfen. Und ruhig bleiben.

Ein Shitstürmchen geht schnell vorüber. Ein paar kritische Posts sind keine Krise. Allerdings sollten sie auch nicht ignoriert, sondern sachlich kommentiert werden.

Es ist kein Geheimnis: Manche Menschen lassen in Sozialen Medien ihrem Ärger freien Lauf, weil sie sich danach besser fühlen. Psychohygiene statt Kommunikation ist auf *Facebook* und *Twitter* keine Seltenheit. Donald Trump ist ein schauriges Beispiel.

„Eine Krise ist, wenn es gefährlich wird." (Teetz 2012, S. 1) Wird eine Situation als gefährlich angesehen, weil das Ansehen und die Interessen gefährdet sind, muss umgehend gehandelt werden.

---

[1]Zum *Widerruf,* der in der täglichen Pressearbeit keine Rolle spielt, nur ein Satz: Am Ende eines langen Rechtsstreits kann eine Redaktion dazu verpflichtet werden, eine Behauptung zu widerrufen.

Krisenbewältigung hat zwei Dimensionen: Krisenmanagement und Krisen-kommunikation.

Krisenmanagement meint: Die Vorgänge klären, die die Krise ausgelöst haben. Die Konsequenzen ziehen, die erforderlich sind, um die Krise zu beenden. Ein Beispiel: In den Medien wird einem Hilfswerk vorgeworfen, es ginge leichtfertig mit Spenden um: aufwendige Büroausstattung, hohe Spesenrechnungen für opulente Bewirtungen, Reisen, deren Sinn und Zweck fraglich sind. *Krisen-management* muss klären, ob diese Vorwürfe zutreffen. Ist dies der Fall, müssen diese Missstände beseitigt, Verantwortliche zur Rechenschaft gezogen und Maß-nahmen ergriffen werden, um solche Vorfälle künftig zu vermeiden.

Krisen*kommunikation* kann nur so gut sein wie das Krisen*management*. Was sollte Krisenkommunikation beachten, damit die Kommunikation nicht zu Krise wird?

Vorbeugen: Voraussetzungen für eine erfolgreiche Krisenkommunikation
Prävention erleichtert die Reaktion. Soziale Medien können sehr schnell Krisen auslösen und verstärken. Deshalb sollte jede NPO vorbereitet sein, wenn ein Shit-storm anrollt. Es muss klar sein: Wer ist für was zuständig? Wer entscheidet was? Wer muss was wissen? Wer muss worüber informiert werden?

Ein Krisen-Leitfaden sollte bereitliegen und folgende Informationen enthalten:

• Welche Personen bilden das Krisenteam?
• Wer ist für die Medien permanenter Ansprechpartner, wer Ansprechpartnerin für Gremien und wichtige Stakeholder (zum Beispiel Förderer, Spenderinnen)?
• Wer informiert Entscheidungsträgerinnen und Mitarbeiter?
• Welche Kanäle werden genutzt?
• Aktuelle „Schlüssel"-Daten – zum Beispiel: Einnahmen und Ausgaben, Ver-waltungskosten, Vorstandsvergütung, Mitgliederentwicklung.
• Fragen und Antworten zu Kernthemen, die in die Kritik geraten können – zum Beispiel: Unternehmensspenden, Höhe der Kosten für Mitglieder- und Spendenwerbung, sozialpolitische Forderungen und Bezahlung der eigenen Mitarbeiterinnen und Mitarbeiter.
• Ablaufpläne: Was ist in welcher Reihenfolge zu tun?
• Alle notwendigen Telefonnummern und E-Mail-Adressen.

Vorbeugen heißt auch: dafür sorgen, dass im Krisenfalle Mitglieder und Follower der NPO zur Seite stehen. Eine dialogfähige und transparente NPO kann darauf bauen, dass dies bei unberechtigten Vorwürfen und unsachlicher Kritik der Fall sein wird.

Zur *Dialogfähigkeit* gehört ein offensiver Umgang mit Misserfolgen. Wird zum Beispiel ein Kampagnenziel nicht erreicht, für das intensiv geworben wurde, sollte das nicht vertuscht werden. Vielmehr wird informiert: Was wurde warum nicht erreicht? Was wurde daraus gelernt und soll künftig besser gemacht werden? Diese Haltung zahlt sich bei einem Shitstorm aus.

Um schnell reagieren zu können, ist es zudem erforderlich, die eigenen Kanäle und die für den Arbeitsbereich relevanten Medien kontinuierlich im Auge zu behalten.

Erreichbar und dialogfähig: Krisen kommunikativ meistern
Ist der Krisenfall eingetreten, sind Schnelligkeit und Dialogfähigkeit entscheidend. Was gehört noch zu einer professionellen Krisenkommunikation?

- *Schnell reagieren* – ohne das Prinzip Gründlichkeit vor Schnelligkeit zu missachten: Auf kritische Beiträge umgehend reagieren. Nicht zwingend umfassend. Es genügt zunächst, eine Stellungnahme anzukündigen (die auch zeitnah erfolgen muss). Ich habe die Erfahrung gemacht, dass auch kritische Nutzerinnen und Nutzer für eine ausführliche Reaktion Zeit einräumen.
- *Erreichbarkeit:* Kommunikationsagenturen reden und Professoren für Kommunikationswissenschaft schreiben gerne über die 24/7-Regel, über die Erreichbarkeit rund um die Uhr. Realistischer ist die Anforderung, von 8 bis 22 Uhr erreichbar zu sein.
- *Zuständigkeit:* In der NPO müssen alle wissen, an wen sie verweisen sollen, falls sie angesprochen werden.
- *Am richtigen Ort reagieren:* Auf Kritik in der Presse wird mit Pressearbeit geantwortet und mit Informationen in den eigenen Medien. Mit einer PM auf Angriffe im Netz zu reagieren, geht an der Zielgruppe vorbei und führt eventuell dazu, die Aufmerksamkeit der Presse auf diese Angriffe zu lenken. Solange Kritik nur im Netz geäußert wird, solange wird auch nur dort auf die Kritik reagiert.
- *Reaktionen bündeln:* Kritik und Fragen in Blogs oder auf *Facebook* thematisch gebündelt beantworten. Es ist eine Überforderung und inhaltlich nicht sinnvoll, auf jeden einzelnen Eintrag reagieren zu wollen.
- *Fehler einräumen:* Wurde ein Fehler begangen: den Fehler einräumen. Fehler (die sich im Rahmen halten) werden verziehen. Lügen nicht. Zahlreiche Politikerinnen und Politiker sowie manche Sportgröße können ein Lied davon singen. Ehrlich währt am längsten. Und eine Entschuldigung ist kein Zeichen von Schwäche.

- *Nicht mauern:* Wird lange gewartet, bis glaubhafte Konsequenzen aus Fehlern angekündigt werden, präsentiert man Sündenböcke statt Aufklärung, dann zahlt ein Verband am Ende einen höheren Preis als ein Verein, der schnell und glaubwürdig handelt. Das musste zum Beispiel der ADAC erfahren, der vor einigen Jahren nur halbherzig reagierte, als bekannt wurde, dass der Klub die Wahl zum Autopreis „Gelber Engel" manipuliert hatte.
- *Es muss nicht immer der Vorstand sein:* Krisenmanagement ist Chefsache. Krisen*kommunikation* dann nicht, wenn das Auftreten der NPO-Spitze einem Vorgang mehr Bedeutung verleiht, als er eigentlich hat. Und dann nicht, wenn die Vorsitzende oder der Geschäftsführer nicht fit ist für Radio, Fernsehen oder einen Podcast.
- *Bei einem Shitstorm informieren, nicht diskutieren:* Ein Shitstorm ist kein Gespräch. Es ist wenig Erfolg versprechend, in einer solchen Situation diskutieren zu wollen. Es kommt vielmehr darauf an, alle wichtigen Informationen zu dem Sachverhalt, auf den sich der Shitstorm bezieht, leicht zugänglich online zu stellen. Viele Menschen wollen sich zum Glück eine eigene Meinung bilden.
- *Personalisieren:* Wird mit Name (und Bild) reagiert, führt das zu einer Deeskalation: Personen werden nicht so heftig attackiert wie Institutionen.
- *Fakten präsentieren* – keine e. V.-Prosa.
- *Niemanden beschuldigen:* immer auf die Vorwürfe eingehen; nicht versuchen, die Quelle der Kritik zu diskreditieren.
- *Keine Medienschelte.* Auch im Umgang mit Medien gilt: immer auf die Kritik, die Vorwürfe eingehen. Nicht die Medien kritisieren.
- *Nicht in die gleiche Kerbe hauen:* Nie auf einen rüden Ton einlassen. Es ist ein Privileg von Generalsekretären der CSU, Kritiker als „Arschloch" zu bezeichnen. Und Til Schweiger mag Kritiker „Trottel" nennen. Er hat keinen Ruf zu verlieren.
- *Posts nicht löschen:* Sofern ein Post nicht zu Straftaten aufruft und nicht gegen die Regeln verstößt, die eine NPO für ihr Social-Media-Angebot aufgestellt hat, sollte er nicht gelöscht werden. Auch dann nicht, wenn die Kritik grenzwertig formuliert wird. Löschen wird als Zensur gewertet. Zensur heizt einen Shitstorm an.
- *Keine Wagenburg bilden:* „Die Welt ist gegen uns, wir sind umgeben von Kritikern, die Medien missbrauchen die Pressefreiheit. Jetzt müssen wir uns fest zusammenschließen und uns wehren." Diese Form der Realitätsverkennung verhindert erfolgreiche Krisenkommunikation.

- *Zurückhaltend mit Rechtsmitteln umgehen:* Wer mit Rechtsmitteln gegen Kritik vorgeht, sorgt häufig für mehr Aufmerksamkeit für die Kritiker. Zudem mahlen die Mühlen der Justiz langsam. Klagt eine NPO, muss sie sich darauf einstellen, dass die Vorwürfe, nach Monaten erneut in die Öffentlichkeit kommen, wenn über die Klage entschieden wird.

So schnitt sich der WWF sich ins eigene Fleisch, als er 2011 juristisch gegen die Kritik eines Filmemachers und Buchautors vorging. Wurde anfänglich ausschließlich auf den Medienseiten der Zeitungen über den Konflikt berichtet, wurde nach der Unterlassungsklage des WWF viel breiter über die Kritik am WWF berichtet.

Klagen gegen Medien haben häufig einen ähnlichen Effekt, weil sie als Angriff auf die Pressefreiheit verstanden werden.

6.3 Auf einen Blick

1. Medien sind nicht dazu da, Vereine zu loben und Verbänden zu schmeicheln. Daher ist Gelassenheit im Umgang mit Medien notwendig.
2. Es kann auch die Guten treffen. Eine gesellschaftliche relevante NPO sollte darauf eingestellt sein, in die Kritik zu geraten.
3. NPOs müssen sich von den Medien nicht alles gefallen lassen. Sie sollten sie sich wehren, wenn falsche Tatsachenbehauptungen über sie verbreitet werden.
4. Krisenkommunikation kann nur so gut sein wie das Krisenmanagement.
5. Vorbeugung ist unerlässlich. Jede NPO mit hauptamtlichen Mitarbeiterinnen und Mitarbeitern sollte in einem Leitfaden festlegen, wer was im Krisenfall wissen und tun muss.
6. Gründlichkeit geht vor Schnelligkeit.
7. Wurden Fehler gemacht: Fehler einräumen, nicht mauern und keine Medienschelte betreiben.

Was Sie aus diesem *Essential* mitnehmen können

Grundlage erfolgreicher Pressearbeit sind brauchbare Informationen als Ergebnis erfolgreicher Arbeit. Wichtig ist die Fähigkeit, die Perspektive von Journalistinnen und Journalisten einzunehmen – sowie die Beachtung der folgenden Empfehlungen:

- Pressemitteilungen müssen einen Nachrichtenwert haben, kurz, verständlich und klar gegliedert sein. Das Wichtigste steht am Anfang.
- Pressemitteilungen müssen auf Anhieb als Pressemitteilungen erkennbar sein.
- Vor der Herausgabe einer PM ist die Nachrichtenlage zu prüfen.
- Bilder erhöhen die Chance, dass eine PM beachtet wird.
- Nie aufgeben: Nachhaken, wenn eine PM in den Medien nicht berücksichtigt wird.
- Eine PK setzt voraus, dass etwas von Bedeutung mitgeteilt werden kann.
- Vor jeder PK klären: Was soll vom wem, wie, wann und wo mitgeteilt werden?
- Der Ort einer PK kann ungewöhnlich, er muss situationsangemessen sein.
- Einladungen zu einer PK müssen informativ sein und neugierig machen.
- Auf einer PK werden Fragen beantwortet – nicht kommentiert.
- Für Interviews müssen die zentralen „Botschaften" vorbereitet werden.
- Sie haben bei Interviews die Freiheit zu entscheiden, was Sie antworten.
- Bei Rundfunk- und Fernsehinterviews langsam und ruhig sprechen.
- Hintergrundgespräche dienen dazu, Anstöße für eine Berichterstattung zu geben, Verständnis für die NPO-Arbeit zu wecken und Kontakte zu vertiefen.
- Hintergrundgespräche müssen wirklich *Hintergrund*-Informationen bieten.
- Alle Journalisten gleich behandeln. Ausnahmen von dieser Regel sind zulässig.

© Springer Fachmedien Wiesbaden GmbH, ein Teil von Springer Nature 2019   51
N. Franck, *Professionelle Pressearbeit*, essentials,
https://doi.org/10.1007/978-3-658-26708-7

- Erfolgreiche Pressearbeit setzt kontinuierliche Medienbeobachtung voraus.
- Es gibt keinen Grund für falsche Bescheidenheit in der Pressearbeit – für NPOs, die neue Wege gehen, originelle Aktionen machen oder beispielhafte Problemlösungen entwickeln.
- Journalistinnen wollen einen festen Ansprechpartner.
- NPOs sollten darauf eingestellt sein, dass Medien kritisch über sie berichten. Gelassenheit ist oberstes Gebot im Umgang mit Kritik.
- Falsche Tatsachenbehauptungen nicht hinnehmen, sondern sich wehren.
- Krisenkommunikation kann nur so gut sein wie das Krisenmanagement.
- Für den Krisenfall sollte es einen Leitfaden geben, wer was wissen und tun muss.
- Bei Krisenkommunikation geht Gründlichkeit vor Schnelligkeit.
- Fehler einräumen, wenn Fehler gemacht wurden. Nicht mauern und keine Medienschelte betreiben.

Links

Auf www.leichtlesbar.ch lässt sich überprüfen, ob ein Text verständlich ist; www.blablameter.de ermöglicht es zu kontrollieren, ob eine PM heiße Luft enthält.
Die ausführlich zitierten Pressemitteilungen (S. 5 und 9) werden auf *leichtlesbar* wie folgt beurteilt:

- Leibnitz-Institut: „Fachliche Abhandlung"
- BUND und SFV: „Sehr schwierig", Verständnis erfordert Hochschulabschluss.

Das *blablameter*-Urteil:

- Leibnitz-Institut: Bullshit-Index: 0.39. Der Text zeigt „erste Anzeichen heißer Luft. Für Werbe oder PR-Sprache ist das noch ein guter Wert, bei höheren Ansprüchen sollten Sie vielleicht noch ein wenig daran feilen."
- BUND und SFV: Bullshit-Index: 0.28. Der „Text zeigt erste Hinweise auf ‚Bullshit'-Deutsch, liegt aber noch auf akzeptablem Niveau."

© Springer Fachmedien Wiesbaden GmbH, ein Teil von Springer Nature 2019
N. Franck, *Professionelle Pressearbeit,* essentials,
https://doi.org/10.1007/978-3-658-26708-7

Literatur

Arns, Christian. 2012. *Pressemitteilungen. Herausgegeben vom Bundesverband deutscher Pressesprecher.* Berlin

Foucault, Michel. 1983. Über sich selbst schreiben. In Schreiben als Kulturtechnik, Hrsg. Sandro Zanetti, 2. Aufl, 49–67. Frankfurt a. M: Suhrkamp (2015).

Franck, Norbert. 2012. *Gekonnt referieren. Überzeugend präsentieren.* Wiesbaden: Springer VS.

Franck, Norbert. 2017a. *Erfolgreich mit Spenderinnen und Spendern korrespondieren.* Wiesbaden: Springer VS.

Franck, Norbert. 2017b. *Praxiswissen Presse- und Öffentlichkeitsarbeit,* 3. Aufl. Wiesbaden: Springer VS.

Franck, Norbert. 2019a. *Handbuch Kommunikative Kompetenz.* Weinheim: Juventa.

Franck, Norbert. 2019b. *Handbuch wissenschaftliches Schreiben.* Paderborn: Schöningh.

Groebner, Valentin. 2012. *Wissenschaftssprache. Eine Gebrauchsanweisung.* Konstanz: University Press.

Jungblut, Gwendolin, und Katrin Matuschek. 2016. *Strategische Öffentlichkeits- und Medienarbeit in NPOs.* Bonn: Herausgegeben von der Friedrich-Ebert-Stiftung.

Liesem, Kerstin, und Jörn Kränicke. 2011. *Professionelles Texten für die PR-Arbeit.* Wiesbaden: Springer VS.

Oppenheimer, Daniel M. 2006. Consequences of erudite vernacular utilized irrespective of necessity: Problems with using long words. *Applied Cognitive Psychology* 20:139–156.

Steinke, Lorenz. 2014. *Bedienungsanleitung für den Shitstorm.* Wiesbaden: Springer Gabler. www.presserecht.de.

Teetz, Adrian. 2012. *Krisenmanagement.* Stuttgart: Schäffer Poeschel.

Tucholsky, Kurt. 1993. *Gesammelte Werke.* Reinbek: Rowohlt.

von Campenhausen, Jutta. 2014. *Wissenschaft vermitteln.* Wiesbaden: Springer VS.

Wissenschaftskommunikation. Strategie- und Konzeptentwicklung in wissenschaftlichen Einrichtungen. Herausgegeben vom Bundesverband deutscher Pressesprecher. Berlin 2012

www.fbn-dummerstorf.de/aktuelles/presse/presse/news/die-suesse-seite-der-fortpflan-zungsbiologie/?tx_news_pi1%5Bcontroller%5D=News&tx_news_pi1%5Bac-tion%5D=detail&cHash=3bdb6d371a5b9ef0f2a7ae15e7f70480. Zugegriffen: 30. Mai 2019.

www.fbn-dummerstorf.de/aktuelles/presse/presse/news/landwirtschaftsminis-ter-dr-till-backhaus-eroeffnet-6-wilhelm-stahl-symposium/?tx_news_pi1%5Bcon-troller%5D=News&tx_news_pi1%5Baction%5D=detail&cHash=bada97ddd-89c7d63f3f96ac22945b431. Zugegriffen: 30. Mai 2019.

www.bund.net/service/presse/pressemitteilungen/detail/news/verfassungsklage-wegen-un-zureichender-deutscher-klimapolitik/. Zugegriffen: 30. Mai 2019.

Printed in the United States
By Bookmasters